無限の網　草間彌生自伝

鄭衍偉 譯　木馬文化

1

ABIQUIU, N.M.
12/4/55

Dear Yayoi Kusama:

Your two letters came to me and your watercolors also came. They are interesting but I live in the country and the Art World is in the City. I have spent many years in the cities — most of the time it was New York — and I knew the Art World very well. My husband died in 46. After I had made order in his affairs I came to the country. That was in 1950. In 5 years there are many changes in a city like New York and I now feel that I don't know the Art World as it is today. I go back every year for a month or so — sometimes both spring and fall — for business that I must attend to. This fall I do not have to go — and I am very glad.

Would you like me to send your watercolors to some dealer who might be interested? Do you wish to sell them — and at what price?

Here in the country it is very beautiful dry desert with very fine cliffs of red and yellow earth — To me it is very wonderful. For a few days now it is all white with snow. After many years spent with many people I like my life here where I seldom see any one. I have two blue chow dogs and we live here alone 16 miles from a very primitive village. It is getting very cold so I will have to go to the village soon. I stay there in winter. I have a house there with a large garden and I look out on a very handsome valley — a wide valley with a straight lined mountain beyond it and to the right blue mountains far away — Around back of the village are queer dark long lined mesas. I am not young you know. I have had all the things you wish to move toward. My life would probably seem very dull to you. To me it is a very good life. Most of my friends are far away. When they visit me they usually stay three or four weeks. Often I am alone for long periods. I like it that way. It is the best way for me to work. In this country the Artist has a hard time to make a living. I wonder if it is that way in Japan. I have been very interested in the Art of your country and sometimes think of going there but it is very far away. It has been pleasant to hear from you —

Sincerely — Georgia O'Keeffe

3

4

5

6

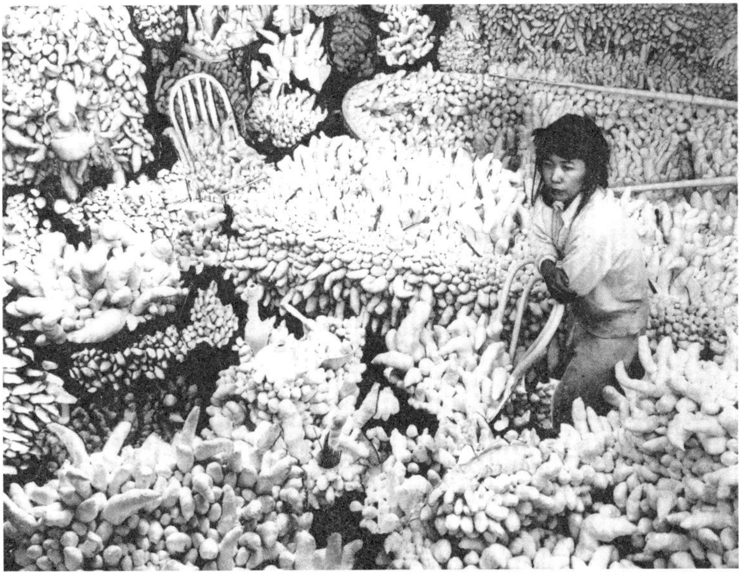

7

8

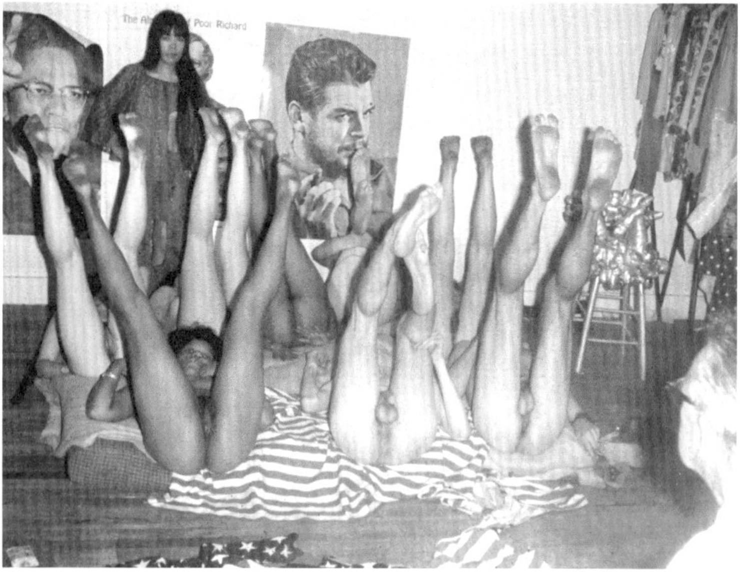

9

10

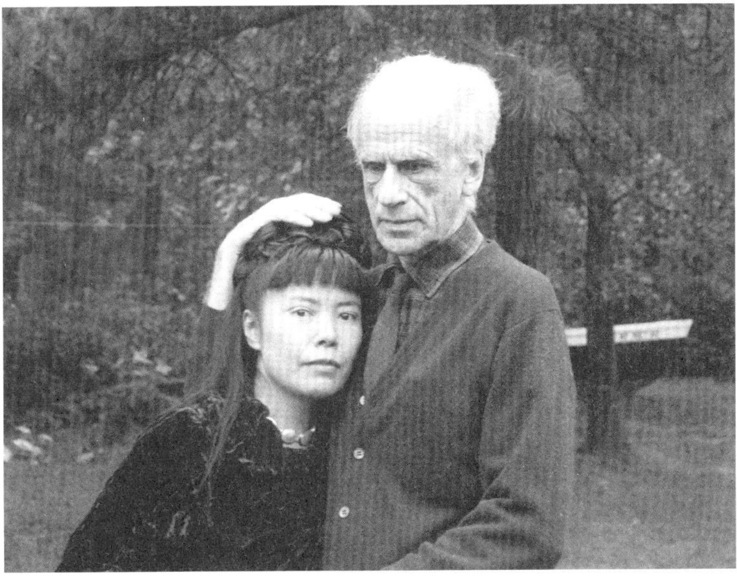

11

1 十歲的草間彌生，1939年
2 與父母兄姐合影（彌生站在父母中間），1943年左右
3 喬治亞・歐姬芙小姐的信，1955年
4 攝於紐約第一間工作室，1959年
5 與《無限的網》合影，攝於紐約工作室，1961年
6「壓迫意象」系列的作品與草間彌生，1962年（攝影：郝爾・萊夫）
7《壓迫意象》，攝於紐約工作室，1962-63年
8 擷自自導自演電影《草間的自我消融》中的畫馬段落，1967年
9 與尼克森・狂歡草間舞蹈團合影於紐約工作室，1968年
10 紐約中央公園愛麗絲夢遊仙境銅像前的乍現，1968年
11 與喬瑟夫・科奈爾合影，1971年
12《鏡屋（南瓜）》，1991年（原美術館藏；攝影：安齋重男）
13《香格里拉之花》，2000年（鹿兒島縣霧島藝術之森收藏）
14《攬鏡自照C》，2001年（橫濱三年展）
15《幻之花》，2002年（野外雕塑製作過程，於大豐建鐵公司；松本市美術館收藏）

無限の網　草間彌生自伝

無限の網　目次

序

二〇〇一年，人類開始迎接新的世紀。「橫濱三年展二〇〇一」[1]也在九月二日正式展開，直到十一月十一日結束，這段期間把整座橫濱變成了一座巨大的美術館。

「橫濱三年展二〇〇一」是日本第一個大型國際當代藝術展。除了主展場橫濱國際和平會議中心與紅磚1號倉庫之外，橫濱開港資料館、橫濱市開港紀念館、港灣未來藝廊、城市營造藝廊等展示空間也都一起共襄盛舉[2]。這次主辦單位把整個橫濱市轉變成為藝術空間，邀請全世界三十八個國家的約一百一十位藝術家前來參展。

三年展（Triennale）這個字的原文是義大利文，意思是「三年一度的慶典」，今後橫濱每三年都會舉辦這個活動。因此，這次三年展可以說是未來所有展覽的開端，是歷史性的一刻。

從六〇年代開始，我就把美國當成是我的根據地，一圈一圈繞著地球跑，去全世界各類的美術館發表作品。不過我也經常在思考：「為什麼日本這麼落後？」日本人有錢又有場地，可是卻始終不曾認真地關心、理解當代藝術。剛從美國回來的時候，我真的覺得日本落後國外一百年。即使到現在，當時的感覺都還是非常深刻。

從那時候開始，每次出國回來我都覺得日本一點一點在進步。然而直到今天，日本依舊落後。藝術界的成規、美術館的系統……在許多層面上，很多地方都還有待改進。

譬如說，日本在泡沫經濟時期，過量的資金在市場上流通，在一些沒有意義的事情上甚至會揮金如土，然而現在全日本的美術館卻什麼資金也沒有，為此坐困愁城。美國無論經濟再怎麼差，也不曾出現過這種愚昧的狀況。為什麼呢？因為美國人和歐洲人都很明白，藝術乃非常之事。

到頭來，藝術之於日本人，不過是一種消遣或者是奢侈享受。在這種觀念之下，藝術無法發展茁壯。這種思考方式只會培育出輕浮的審美態度，是膚淺文化的元凶。

不過，看到日本終於動用國家級的力量來舉辦這種大規模的國際當代藝術展，真的是讓人非常開心。這次展覽的主題是「MEGA WAVE——迎向新融合」，主辦單位希望能夠彙集繪畫、雕刻、攝影、影像、裝置藝術等各種不同領域的當代藝術，將它們融合成一股強大的風潮，席捲世界。如果橫濱或日本真的有機會成為引爆潮流的核心，那就太棒了。

在第一屆「橫濱三年展二〇〇一」這個歷史性的一刻，我自己也發表了兩件作品，分別在室內與室外兩個不同的場地展出。

室內作品的名稱是《永無止盡的自戀》（*Endless Narcissus Show*）。我在橫濱國際和平會議中心裡，用十面巨大的鏡子搭出一間鏡屋，空中懸吊鏡面玻璃球，地板也用相同的球仔細鋪滿。走進這個空間，大家會看到自己的形象映照在一千五百個鏡面玻璃球上，隨自己的舉動變化萬千。這是一種「萬花幻視」[3]的體驗。

室外作品的標題則是《攬鏡自照C》（*Narcissus C*）。櫻木町車站站前有一條通往新港地區的路，車道邊的海面也是這次的展場之一。我在運河一角安排了兩千個直徑三〇公分的不銹鋼鏡面球，讓它們在海上漂。佈置這件裝置作品的時候，聽到鏡球波鏘、波鏘被丟進海中輕輕彈跳的聲音，讓我非常非常感動。

無邊無際的鏡球隨波盪漾，耀眼奪目，球上泛著天空、白雲、還有周遭的景象。最後，漫成一片銀色的海，在觀眾面前盪開。

潮水片刻不停，無盡的鏡球時而雲聚，時而星散，隨時在改變造型；並且喀嗤喀嗤、嘰伊嘰伊地，發出輕脆的聲音。它們像是一種在水邊無限增殖的不明生物，帶給觀眾鮮明又強烈的印象。

有人說，對於日本人來說，當代藝術還是太過遙遠。沒錯，日本的藝術領域確實是還沒被完全開發。

在日本歷史上，橫濱是第一個被迫開放面對外國文化的地方。直到現在，就面對世界而言，橫濱依舊是全日本最開放的區域。在這座城市舉辦日本前所未見、空前盛大的當代藝術展，別具意義。別說三年舉辦一次，我甚至希望這種活動可以年年舉辦。

我想要用這些亮晶晶、無盡的鏡球來慶祝當代藝術揭幕，慶祝二十一世紀展開。

回想起來，一路至今真的是已經走了好遠好遠。雖然我和當代藝術的纏鬥從遙遠的童年歲月就已經開始，然而真正具有決定性、攸關命運的關鍵時刻，還是我下定決心離開日本，前往美國的那個瞬間——

1 橫濱三年展二〇〇一：始自二〇〇一年的國際當代藝術博覽會，每三年於橫濱召開。第七屆於二〇二〇年召開。

2 這些展館是第一屆橫濱三年展的主要展館。
橫濱國際和平會議中心（Pacifico Yokohama，横浜国際平和会議場）：整合世界最大等級的國際會議廳、展館、旅館的複合建築群。
紅磚1號倉庫（横浜赤レンガ倉庫）：位於橫濱港灣的歷史建築，2號館於一九一一年、1號館於一九一三年完工。自二〇〇二年起，1號館重新改為文化設施作為展示活動空間使用，2號館則為商用。並規畫臨近公園，成為重要景點。
橫濱開港資料館：建築物本身原本是英國領事館，一九八一年改為博物館。收藏從明治到昭和時代日本出版的外語和日語報紙，並展示橫濱開港相關文物。
橫濱市開港紀念館（横浜市開港記念会館）：創建於一九一七年的歷史建築，至今依舊是在地的公共活動中心。
港灣未來藝廊（みなとみらいギャラリー）：設於皇后商城（Queen's Mall）當中的開放性展示空間，現在和城市營造藝廊（まちづくりギャラリー）整併，統一成港灣未來藝廊。

3 萬花幻視（repetitive vision）：草間彌生製作過許多這類的鏡屋裝置，房間裡的人與物透過交相對應的鏡子，會呈現出一種萬花筒般的視覺效果。在此取其本質，將repetitive vision譯成萬花幻視。

無限の網

東渡紐約——

前衛藝術家登場　1957-1966

ニューヨークに渡って——前衛アーティストとしてのデビュー　1957-1966

輕率的旅程

前往美國那天，是一九五七年十一月十八日。

我這一代人因為受到二戰波及，從來沒有在學校學過英文，不過當時對於出國這件事，我一點也不緊張。因為那時我非常非常想要擺脫那些陳舊的羈絆，就是想要離開日本。

當時攜帶外匯出國有很多限制，所以出國的時候，我帶了六十件和服與自己長年累積下來的兩千幅畫，希望能夠賣掉這些換錢過活。

前往美國的飛機上除了我之外，只有兩位美國大兵和一個戰爭新娘，整架飛機空空蕩蕩，讓我印象非常深刻。

當時不像現在，出國沒有那麼稀鬆平常。我不知道遭遇多少障礙，又經過多少掙扎。家人反對也是其中一個難關，光是為了要說服母親，我就花了八年。

我的故鄉在長野縣的松本[4]，兩側被高聳的日本阿爾卑斯山[5]包圍，每天太陽總是很早就消失在群山背後。我常在想，吸納太陽光芒的山後是不是萬丈深淵、什麼都沒有啊？還是說，山的另一邊藏了什麼我聽都沒聽過的東西？如果真的有的話，那又是什麼呢？

這種對於不明之地的好奇心慢慢成長發芽，演變成想要看看黑漆漆的群山背後到底藏了什麼樣的國家。所以有一天，我寫了一封信給法國總統。信是這樣寫的：

「總統大人，我想要看看法國到底是怎麼樣的一個國家，請您多多指教。」

內容就是這麼可愛。沒想到，我竟然收到了一封親切的回函，雖然信上只有短短五行：

「謝謝妳對我們的國家這麼感興趣。日本和法國之間有很多文化交流協會，我已經通知他們了。請妳先好好學法文，去考檢定吧。祝妳成功。」

後來，法國大使館細心地給了我很多建議。可是……可是，法文好難學啊！煩惱歸煩惱，當時其實我也很想要去美國。我想起以前看過一本繪本，書上的黑人女孩紮著短短的辮子，有著外國人的臉龐。就是那種感覺！在那些怪怪的、光著腳丫的小孩們住的地方，說不定還有人煙罕至的原始森林。

晴朗無雲的天空下，放眼望去是無盡的玉米田。陽光滲透到草原的每個角落，空間無邊無際延展到天邊……啊！我好想要親眼目睹這樣的景象啊。我想要在那裡生活。萬一沒法維生，或許可以一邊種田，一邊繼續畫畫。我決定不計一切代價，就是要去美國。

到底怎樣才有辦法去美國呢？到底怎樣才有辦法去那個完全沒有人可以投靠的國家？當時日本政府為了防止美金外流，要是沒有保證人的推薦函，是沒有辦法入境美國。我就這樣不停地想著。

日本戰敗後不久，我在松本的一家古書店看到一本畫冊，裡面收藏了喬治亞・歐姬芙[6]的畫。雖然我不知道為什麼這本書會出現在松本這個窮鄉僻壤，可是遇見它是我和美國搭上線的一個重要關鍵。

當我翻閱這本畫冊的時候心想，要是我真的跑去美國，這個人或許會幫我。當時我認識的美國畫家就只有歐姬芙。說認識，也只是聽別人說過，說她是美國現在最有名的畫家。總之，我決定要寫信給她。

我花了六個小時前往東京新宿，去美國大使館，用顫抖的雙手在《名人錄》的頁面上來回穿梭，尋找歐姬芙的通訊資料。當我找到的時候，感覺非常興奮，心裡暗叫果然有耶！話說回來，當時我做夢也沒有想到十年後，我的資料也會被收錄到《名人錄》當中。

我把歐姬芙的地址抄下來，回到松本之後寄信給她。即便我們素不相識。

喬治亞・歐姬芙是美國畫壇的頂尖人物，是二十世紀全世界排行前三名的女性藝術家。此外，她也是美國攝影藝術鼻祖艾爾弗雷德・史蒂格勒茲[7]的妻子。她遠離都會的喧囂，在新墨西哥州神祕岩山重重包圍的莊園裡過著隱遁的生活，兀自畫著牛骨散置的靜物。

我寫信跟她說，無論如何我就是想去美國，信裡還附了好幾張水彩畫。不過，其實我認為她絕對不會回信。

可是事情出乎我的意料，歐姬芙竟然回信了！真的是幸運得令人難以置信。她親切地回覆我這個平凡、魯莽又素昧平生的日本女孩，之後還陸陸續續寫了好幾封信鼓勵我。

就這樣，前往美國的意念越來越明確，不過在現實方面，我還是必須得找位身在美國的擔保人才行。這真的很不容易。最後我好不容易想出一個辦法。我們家和前國務大臣兼外交次長植原悅二郎[8]有親戚關係，他介紹了一位和自己交情不錯的朋友給我，人稱太田夫人。之前她先生移民到西雅圖白手起家，在當地創立銀行、經營旅館還有其他各種生意。雖然太田先生已經過世，不過太田夫人還留在美國，可以擔任我的保證人。這件事情解決之後，我們又拜託內村祐之博士[9]、西丸四方博士[10]等許多人幫忙，好不容易才拿到美國簽證。出國的目的註明是要去西雅圖辦個展。

我跑去東京一家名為大陸兄弟（Continental Brothers）的美國公司，把一百萬圓的旅費換成美金，當時這樣做是違法的，更別說那時候一百萬日圓可以蓋好幾棟房子。我把這些錢縫進洋裝、塞進鞋尖，弄得從外表上看不出來，就這樣去美國。

我抵達的第一座美國城市是西雅圖。透過《名人錄》裡其他畫家的協助，我找到茝・杜扇努[11]這位藝術經紀人替我發表作品。馬克・托貝[12]和肯尼斯・卡拉翰[13]這些畫家都是因為她慧眼識英雄才得以進入美國畫壇。

我在西雅圖舉目無親，只認識在東京和我見過面的太田夫人，還有華盛頓大學的教授喬治・蔦川先生[14]。我想，自己真的是走上了一條不得了的路，人生開始超乎常軌，未來一定還有很多困難在等著我。然而，想到在這種舉目無親的狀況之下，從零開始好不容易終於來到美國，內心的喜悅真的是遠遠超越任何痛苦。

一九五七年十二月，我的個展在茝・杜扇努畫廊開幕了。展品包含《石精》、《古代儀式》、《古代的舞衣》、《地底燃燒的火》、《骨之遁逃》、《支那的小石》等等，總計包含二十六幅水彩和粉彩畫。此外，我還出席「美國之音」的廣播節目，發表自己對於個展以及美國的感想。

雖然我在美國的第一個個展就這樣圓滿落幕，然而對我來說，打從一開始我就把探險的目的地定在紐約。我想要更上一層樓。

拋下這些西雅圖的牽絆吧，我該開始新的冒險了。

紐約活地獄

我的飛機被大雷雨攪得七上八下，經過洛磯山脈上空、飛越歐姬芙盛情款待的新墨西哥州的時候，我覺得自己這一生就要結束了。最後好不容易終於在紐約機場降落，真的是撿回一條命。我想起西雅圖的人，在咖啡時間還有三餐之前一定都會祈禱，雖然他們可能不是因為要坐飛機。他們會這麼說：「主啊，眷顧我們的天父啊。今天我們蒙受您的恩澤，得以在此平靜地伴隨朋友與兄弟，共同享受溫暖的一餐，我們真的衷心感謝您。希望能夠藉助您廣大的愛與引導，繼續守護我們的幸福。」

剛到紐約的時候，我住在一個禪僧經營的留學生宿舍，名叫佛徒精舍（Buddhist Academy）。住了三個月之後，我跑去租另外的房間，最後搬到一個閣樓。

當初房租很便宜，不過美國經濟那時候正開始走下坡。儘管甘迺迪總統打出「frontier spirit」[15]之類的口號，可是越戰的開銷實在是太大，整個國家開始走下坡。紐約和戰後的松本很不一樣，各方面變化都很劇烈，伙食費也越漲越高。我沒有辦法應付這種艱困的環境，結果精神開始出問題。

和先前在西雅圖比起來，紐約的生活真的是太恐怖了。專注的學習生活一天一天過去，口袋裡的美金一點一點用光，最後，我陷入貧窮的谷底。

每天要找東西吃、想辦法付畫布和畫具的帳單、解決移民局的護照問題、生病……各種困境一擁而上。

工作室的玻璃窗隨它去破、撿了一塊壞掉的門板當床睡、毯子也就一條。再加上工作室位於辦公大樓林立的商業區，傍晚六點過後沒有暖氣。這邊緯度和庫頁島差不多，每天晚上我都覺得寒氣滲進骨髓裡，冷到肚子痛，完全睡不著，只好爬起來繼續畫畫。除了工作之外，我沒有任何方法可以對抗飢餓和寒冷，只能逼自己更努力工作。

有一天我聽到有人敲門，一看，門外站著山姆・法蘭西斯[16]。他住隔壁大樓，當時還沒沒無聞。我泡了一杯咖啡給他，結果他問我說：「有沒有牛奶？」我當時滿面通紅，腦袋一片空白。別說泡咖啡加牛奶了，我家根本什麼都沒有，我從早上起來就什麼都沒吃。真要說的話，我覺得比較不可思議的是家裡竟然還找得到咖啡。

每天我會吃幾顆朋友送我的爛掉的栗子當晚餐，就這樣過日子。如果真的餓到受不了，我會拎個布袋去魚店外面的垃圾箱撿魚頭，收集雜貨店丟掉的高麗菜葉，把它們通通丟進一個在舊貨店用十美分買的鍋子裡煮湯。

心情低落的時候，我會爬上帝國大廈。這裡是資本主義的大本營，保留著越戰之前那種老美國的美好餘韻。紐約這顆熠熠生輝的寶石，總是上演著毀譽交加、糾結不清的人生大戲，展現出華麗的眾生樣貌。

從世界第一的摩天大樓俯瞰凡間，就像是在觀望一個充滿無限可能與野心的戰場。雖然現在兩手空空，可是我希望自己有一天能夠在紐約隨心所欲，掌握自己所嚮往的一切。真的，激烈的熱情在我內心發燙。我下定決心要改革藝術，全身的血液為之沸騰，連自己肚子餓都忘了。

某天，有一位老太太突然跑來拜訪我的工作室。原來是喬治亞・歐姬芙來了。她先前曾邀請我去她的莊園，擔心我的生活起居，特地跑來探望。我想起回憶中那張牛骨的畫、鄉下舊書店畫冊上那位傳說中的女畫家。現在親眼看到她出現在我面前，簡直就像作夢一樣。

歐姬芙除了援助我的日常生活之外，還把她這輩子專屬的藝術經理人伊狄絲・郝伯特[17]介紹給我。這位紐約藝廊老闆經手的都是國吉康雄[18]、約翰・馬林[19]、史都華・戴維斯[20]、還有歐姬芙之類響噹噹的大人物，沒想到她竟然會買我的畫。

我幾乎把所有賺來的錢全部都花在畫材和畫布上，又開始繼續畫。我在偌大的工作室裡立起一面巨大的黑色畫布，大到不踏上梯子就搆不著邊，然後在上面盡可能用纖細的筆觸畫滿數百萬個點，完全不留空隙地編織一面白色之網。

每天，天還沒亮我就起床，然後一路畫到半夜。除了吃飯上廁所之外，不分天昏地暗一直畫，畫到最後工作室裡每張圖上面全都是這樣的網。朋友看我這樣一個勁地畫，也開始擔心起來，認真問我說：「妳幹嘛每天都畫這個啊，妳還好嗎？」一邊戰戰兢兢躲在旁邊，用一對藍眼睛偷看。

老實說，我常常被自己的精神狀況搞得很煩。只要開始在畫布上面畫點點，接下來就會從桌子延伸到地板，最後一路畫到自己的身上。我會周而復始不斷重複同一個動作，讓這面點點之網無限擴張。不知不覺之間，從手到腳、到身上穿的衣服，房間裡的一切都會被這張網覆蓋。

早上醒過來一看，我發現自己昨天畫的圖全部都貼在窗戶上。我狐疑走近，想要用手輕輕撫摸那些畫，一碰，所有的圖都被我扯到懷裡，心跳也催起油門轟然加速。我覺得自己的精神狀況已經不行了，叫救護車去貝雷弗（Bellevue）醫院，沒想到院方說：「妳的病不應該來我們這邊，應該去找精神科。妳要住院才行。」不管怎麼說，我常常像這樣叫救護車，讓對方傻眼說：「怎麼又是妳啊？」

我一直畫一直畫，吃飯對我來說反而變成是其次。紐約是全世界物價最高的地方，簡直就像是在吃金幣過活。除了偶而花十五美分的公車錢之外，有時候我甚至連續兩天都沒有吃任何東西，就像著魔一樣，挺著空空的肚子一直畫。

我的焦慮像火在骨髓裡燒。我是端坐在美國主義大本營——紐約這塊岩石上的女達摩。這時候如果我有一台血紅色的跑車，我想要開上高速公路，在萬里無雲的天空下把速度催到破表飛出去。撞上大樹也無所謂。我想要掏出鋒利傷人的紙鈔，買下德州天高草低的原野，占地為王。

還有還有，我想要像我周遭的女性朋友那樣，每天晚上接二連三和黑、白、黃、褐不同膚色與長相的男生出去玩。我就這樣做著各式各樣的夢喃喃自語：我想發財，如果有名聲也不錯……任何群聚在紐約還沒有出頭的年輕人都一樣，在這方面，我絕對不會輸給別人。

但是，我的房間裡只有一隻破爛的狗布偶和乾巴巴的吐司。除此之外，還有那一張害我跑去精神病院的《白色的網》。這張畫到底是什麼爛東西，我有好幾次都很想要一腳把它踹飛。

惠特尼博物館[21]舉辦徵選那天，我背了一張比我自己還要高的畫，沿著紐約市中心大馬路走過四十個街區。惠特尼博物館現在雖然很前衛，不過在那個時候風氣還是超級無敵保守。我心裡其實一直覺得，像美術館長那種沒有用的傢伙怎麼可能會了解我的作品。結果正如我所料，我落選了。我又得背著這幅有一張榻榻米那麼大的傢伙，走過四十條馬路回去。那天風很強，身上背著比自己還要大的一幅畫，感覺自己的身體好像是要被風吹跑一樣。回家之後我全身無力，整整兩天睡死在床上。

當時藝術界正掀起一股行動繪畫[22]的熱潮，隨便路上抓一個人都在畫。這種風格不僅一堆畫家急於擁抱，在市場上，還以非常驚人的價格瞬間銷售一空。然而我自己認為，對於一個想要終其一生投入創作的人來說，創造從自己內在培養出來的原創作品是最重要的一件事，所以我創作了一批和他們方向完全相反的作品。

圓點就是一切

一九五九年十月，我期盼已久的第一個紐約個展「純色執念」（Obsessional Monochrome）終於在布拉塔畫廊[23]揭幕。畫廊位於下城區第十街，那裡是一條畫廊街[24]，威廉・杜・庫寧[25]和弗蘭茲・克萊恩[26]這些響叮噹的紐約畫派領頭人物，當年都把工作室設在那邊。我就在那條街的正中央，展出那張黑底白面的《無限的網》（*Infinity Nets*）。

這張畫無視於整體構圖，也沒有視覺重心，反覆呈現千絲萬縷的恆常運動。這種單調會讓觀眾感到茫然，進而慢慢被一種暗示與沉靜的氣氛感染，進入「無」的暈眩中。這件作品其實預言了兩件事：歐洲正在醞釀的「零群」[27]；還有即將在紐約誕生的、引領藝術潮流的新力量——普普藝術[28]。

這些一點一點的色點是聚集的量子，是黑白反相的網眼。我有一個心願，希望自己能夠掌控這些圓點，從自己的位置，度量宇宙的無限。宇宙的奧祕究竟有多深？無限在宇宙的盡頭是否還是無限？我察覺到這件事，想要觀察自己生命這一個點。我的生命也是一個點，是億萬粒子中的一點。我要用天文數字的斑點，編織出一張蒼白虛無的網，在此時此刻提出宣言，消融自我、他者和宇宙的一切。

空無背後，陰暗無聲的死亡黑斑全部收容在這張蒼白的網中。當它延展三十三呎，越過畫布之為物的界線，籠罩整個房間，就變成了統合我個人一切的「行」[29]。斑點和網眼的詛咒，拉上魔法的簾幕，用一種肉眼看不見的神祕力量將我包圍。

有一天，有位在巴黎發跡、名揚全球的畫家跑來拜訪我。這個充滿活力的法國人對浮華的流行很敏銳，和藝術商人一樣非常擅長搶搭風潮，簡直就像是立志要在這輩子搶下所有的藝術大獎。他跟我大聲嚷嚷說：「彌生，看看外面的世界吧！妳不聽貝多芬和莫札特嗎？讀一下康德和黑格爾吧。這個世界上偉大的東西太多了。妳幹嘛一年到頭、一天到晚把時間花在這種沒有意義的事情上呢？真的是太浪費了！」

可是我已經被圓點之網的詛咒操控了。管你是畢卡索[30]還是馬諦斯[31]，放馬過來吧！我要用這個圓點來迎戰。我的意志非常堅定，完全聽不進他的話。我把一切都押在圓點上，想要跟歷史造反。

我在紐約的第一次個展相當成功，迴響遠遠超乎我的想像。所有知名藝評家都一致給予好評。

多爾・阿修頓[32]在《紐約時報》上寫說：

「草間彌生是一位近年在紐約工作的年輕日本畫家，最近她在布拉塔畫廊（東十街八十九號）舉辦個展。她的作品完全排除個人情緒，以一種偏執的重複令人感到迷惑。她在巨大的白色畫布上輕輕點染灰斑，有時候她在某些地方還會再刷淡顏色，上一層薄薄的白膜，這些技巧讓整張畫出現一種無限延伸的構圖。在色調微妙的變化上，這張圖也相當需要觀察者投注耐性與強烈的好奇心。她的作品展現了一種驚人的力量，我們對此毫無疑問。然而那種縝密控制的犀利質感，同時也讓人感到不安。」

席尼・提林姆[33]在《藝術》雜誌[34]上也給了這樣的評語：

「這個雍容沉靜的作品展讓觀眾心服口服，才剛開始一個月就已經被認定是本季的熱門話題。我認為直到這個展覽結束，大家的評語也不會改變。（中略）看展覽的人會在場內看到一張白色的網，那網非常寬闊，幾乎要把黑色的背景全部都遮蔽起來。然而，觀眾感受到的那種黑白對比，其實是精心薄塗在畫面上的白色營造出來的。

「畫家用非常纖細、幾近矩形的筆觸填滿整個畫面，組成一張網，在網眼的紋路和底色上面也有抑揚起伏的變化，利用微妙的動態與造形，創造出一種窮盡肉眼想像的視覺變奏。這件作品格調相當高，優雅的光輝浸染到整張畫的每一個角落。（中略）

「草間在這十年費盡心思，創作各式各樣的『實驗品』，一路走到現在。她不僅有堅強的毅力，更具備柔軟的韌性，是近年來最值得我們大家期待的明日之星之一。只要她好好發揮才能，再過幾年，她很有機會在紐約的正式舞台上面大放異彩。」

唐納・賈德[35]是我最早在紐約藝術圈交到的好朋友，也是這次個展上第一個買我作品的人。他在《ARTnews》[36]上寫說：

「草間彌生是一位相當有原創性的畫家。在這次的作品展當中，那五張雪白的巨幅繪畫非常前衛，徹底展現了畫家的意圖。畫中呈現的空間很淺，近於表面。無盡雪白的絲線，散布在抹除色彩的黑底上。這種技巧塑造出一種繁複的效果，但是感覺又很俐落。（中略）

「整張畫的風格，大體上有點像是銅版畫上那種纖細又凝練的雕刻圖案，或者是蓬鬆卻毫無瑕疵的蕾絲。這種表現技巧已經超越屬於東方還是西方這種文化性的質疑，它結合了雙方的特色。雖然畫中多多少少帶有馬克・羅斯科[37]、克里佛・史提爾[38]或者是巴奈特・紐曼[39]等美國畫家的特徵，但那絕對不是風格的拼湊，而是草間自己累積出來的味道。」

在此，我想要用自己的語言重新詮釋一下自己當初發表的作品。

這些畫是想要在一種奇怪的狀態下，呈現一團巨大的整體。首先，我在畫布上鋪展一個靜態的完整平面，然後在這平面的表層盡可能增添肌理，用一種微觀的方式把它們一塊一塊組織起來。因為一筆一筆增添筆觸需要花費很長的時間，不斷反覆的這個動作，會讓乾燥的白色顏料出現更多層次。在現實的物質層面上，這樣做可以在空間中堆疊出一種無限延伸的實體感。

我想要用無窮反覆的韻律和黑白的單一色調，呈現一種不同的「光線」，尋找一種新的繪畫表現形式。這種技巧完全無法用傳統繪畫約定俗成的對比或者是方法論來解讀。此外，這批作品放棄了固定的焦點和視覺重心，這是我的原創。這種表現方式可以追溯到十年前我在日本創作的許多作品。

當年我在信州[40]的深山裡用我自己個人的方法畫畫。我會在四開的白紙上，用墨汁描繪細碎的一群斑點，用鋼筆畫細胞狀的排列組合，類似植物莖幹內部的擴大圖之類的，畫一些搞不清楚實體又不可分割的連鎖組合。在那段慘澹的戰爭歲月，那段令人不堪回首的少女時代，我常常會跑到我家後面的河岸平原，盯著一個景象任時光溜走。在那個畫面當中，億萬顆粒粒分明的白色小石頭，吸飽仲夏的陽光靜靜「存在」——那是我畫這些畫的神祕根源。

就算我沒有從自然界直接獲得啟發，在我的精神內在，我也認為可以透過毫無預兆的動機，或者是不具任何意義的偶然，和某個神祕的世界連線。我想要解放我自己身體裡面這種「不知道究竟為何」的力量。與其沉入鎮壓感情的湖底，我更想要把精神放逐到永恆的他方。因此我現在才會把這種力量釋放到真空的混沌裡。

過去我有好幾千張作品可以歸到這個分類上，隨著歲月增長，這類的作品越來越多，有時候我也會用黑白反相的方法來呈現。這種作法終於成熟。我花了十年，好不容易把這個概念建構成一種繪畫公式，現在終於可以在這裡將成果展現出來。

初試啼聲，紐約譁然

我用黑白、簡潔、彷彿潛伏在潛意識裡的光點，鋪展出一個大宇宙的空間，盡可能畫到十四呎這最大的尺寸。這五張作品乍看之下，一片純白啥都沒有，帶給人一種無聊至極的印象。我就是用這些作品在紐約畫壇登台亮相。

舉辦展出的布拉塔畫廊是一間不起眼的小畫廊，天花板向單面傾斜，看起來像是地下室一樣。跨出大門走到街上，會看到遊民手裡抱著酒瓶，橫七豎八躺在外面，環境惡劣，臭氣橫生。這裡是赫赫有名的第十街，下城區在野藝術家們的巢穴，美國知名畫家的工作室都齊集在附近，和上城區的美術街對峙較勁。

當時我因為移民局的護照到期，陷入危急存亡的緊張狀態。對於一個外來者來說，狀況演變成這樣非常諷刺，來美國並不容易，可是這件事情會影響到我有沒有辦法繼續待下去。為了繼續留在美國，我拚命祈禱自己的展覽可以圓滿成功。打從出生以來，我還真的是第一次為這種俗氣的事情祈禱。

個展開幕之後，畫廊整個大爆滿，情況正如我所預期。開幕之夜紐約第一線的藝術家們成群結隊跑來，把整間小小的畫廊塞得水洩不通。個展開幕結束之後，因為我在最糟的狀況下創造出最棒的成績，我的好朋友們都很興奮，在那條遊民睡覺的大街上高呼：「彌生幹得好！妳終於辦到了！」把我抬起來往天上拋。這些美國朋友在我過去遭遇各種困難的時候幫了我很多忙，他們真誠的友情是我在美國最寶貴的收穫。

這次個展獲得廣大的迴響，我收到德國、法國還有美國各地不少來信。一次就掌握住了自己在社會上發展、獲得眾人理解的機會。

紐約個展結束之後，隔月，我移師到波士頓的新星畫廊（Nova Gallery）繼續展出。這個畫廊擁有當地首屈一指的巨大空間，有七十五呎高。我在這裡辦了一個大型個展，以十張十呎大的巨幅作品為主，再加上幾十張的水彩和油畫。

這時，藝評家羅伯・泰勒[41]在波士頓《週日先鋒報》（*Sunday Herald*）上寫了一篇文章：

「新星畫廊正展出年輕日本畫家草間彌生的作品，展期將至十二月十二日止。她的作品深深打動我，這是她在波士頓第一次登台亮相。草間畫風那種極度精簡的訊息，還有單用黑白兩色的特徵，都是非常日本式的。她就在這樣的基礎上，運用抽象表現主義[42]的技巧，說出自己的話。」

四個月之後，我在華盛頓DC的葛列斯藝廊（Gres Gallery），運用全館的空間，展示以紅白網點為主的幾十幅作品。我在這個名為「無限的網」的個展上，見到DC的美術館館長們、美術相關人士、藝評家、政治家、還有公家機關人員，也見到世界各國不少大使。大家都說非常感動，想要跟我握手。

藝評家雷斯利・阿蘭德[43]在《華盛頓郵報》上評論這次的作品說：

「草間的作品遠遠超越各種傳統的表現形式。這位自學起家的畫家，簡直可以說是自己走出了另外一條路。過去她用粉彩畫做精細的自然描寫，然後才轉移到現在這種以簡單圓形筆觸為主體的抽象繪畫。除了巨細靡遺的講究與長期鍛鍊掌控的技術之外，我們幾乎看不到任何過去日本繪畫的影子。而她採用的那種悉心配置筆觸，藉此建構整體畫面的技巧，在美國只有馬克・托貝和傑克遜・波洛克[44]之類的畫家在使用。」

這段期間，我同時在紐約、波士頓、華盛頓ＤＣ參加許多聯展。國際展方面，我也參加了第二十屆布魯克林國際展[45]。一九五五年的時候，我曾經以日本畫家的身分參加第十八屆大展，這次則是在美國區展出。當時的館長約翰・高頓[46]非常照顧我，直到今天我都還是很感謝他。

此外，我還參加了德國勒沃庫森美術館[47]所主辦的國際單色繪畫展

（Monochrome Malerei）。這個展是由藝評家烏度・庫特曼博士[48]策畫，他同時也是歐洲建築評論的權威。歐洲像路奇奧・封塔那[49]、伊伏・克萊因[50]、皮耶羅・曼佐尼[51]等藝術家都有參展，美國方面則有羅斯科和我參加。這次大展是一個實驗性的前衛國際展，想要掌握當今世界最重要的繪畫風潮，因此我選了三件黑白的網點作品來共襄盛舉。

這時候我已經待在紐約兩年。一九六〇年五月，由於華盛頓DC的個展大受好評，紐約的史蒂芬・拉迪奇畫廊[52]決定和我簽獨家合約。緊接著，在一九六一年五月替我盛大舉辦了第五次的美國大型個展。從三十五呎的黑白網點作品開始算起，二十呎、十四呎、十呎……這批單色調的油畫、水彩和拼貼，每一件都是巨幅作品。

這時，各個報章媒體上也出現藝評家的一片好評：

「兩年前，草間彌生從第十街跨入紐約藝壇，成為眾所矚目的年輕日本畫家。她用白色或紅色在深沉的背景上一筆一筆疊合質感，隱隱露出細胞狀的纖細底色。觀看她作品的時候，我們完全不會感受到沉重或者是誇大的痕跡，這或許是因為草間彌生對於作畫懷有一股超乎尋常的熱情。（中略）這位畫家利用作品告訴我們她的才能不僅於此，她還擁有無限的潛力，未來還會繼續發展下去。」（《ARTnews》，查克・克洛[53]）

「她運用星羅棋布的細部，組織一整面鋪天蓋地的巨大畫布。大部分的作品都是在黯淡的背景上堆疊白色，其他少數作品則用紅色來營造一種色彩對照。這位現居紐約的日本女孩，關心的是用單一純色反覆雕琢細部的過程。在她過去人生經驗的某處，或許藏有一片巨大細緻的網點也說不定。雖然她的作品都是由這種斑點所構成，但是只要大家集中注意力，還是可以感受到其中精緻巧妙的變化。」（《先鋒論壇報》（*Herald Tribune*），卡萊爾・巴洛茲[54]）

「史蒂芬・拉迪奇畫廊現在正在展出草間彌生的非具象藝術[55]。作品表現的內容就如同文字所描述的那樣單純，然而卻揭露了造型藝術寬廣的可能性。這些作品的畫面通常都可以無限延伸，她會四處點染奶油狀的顏料增添波動起伏，然後把黑色細石般的斑點均勻埋藏在內部。我們可以透過畫面的肌理，感受到她作畫時驚人的毅力，極度凝練的紋路更是讓我們享受痛快的視覺刺激。」(《紐約時報》，史都華・布列斯頓[56])

「草間彌生現在正在史蒂芬・拉迪奇畫廊舉辦個展。看到她那些超乎常理的巨幅畫作竟然可以達到這麼精巧的境界，不禁讓人懷疑，創造意象與表現技巧之間的界線是否根本就不存在。這些數不清的細碎點陣，呈現泛青的白色，尺寸形狀各自不同，遍佈整張畫布。綜覽這張白色的表皮，我們會發現，有時候它薄到可以窺探畫布底色，有時候又如小山拔地突起。雖然這是一件平面作品，可是它呈現質感的整體效果，反而帶給觀眾一種空間延伸的印象。在這次個展當中，草間還展出了幾件用紅色或是黃色作畫的作品，全部都是用同一種令人目瞪口呆的方式完成的。」(《展覽大觀》(*Picture of Exhibit*)，伊魯瑪・狄亞菲[57])

就像這樣，我在紐約這個全世界最前衛的藝術中心，確立了自己身為一個前衛藝術家的地位。我為自己的才能和幸運感到慶幸。

綜觀當時的紐約藝壇，大師波洛克已經過世十年。在風雲變幻的潮流當中，活躍的潑畫派直接承傳下來，但是走到美國之王——老・杜・庫寧的光芒和波洛克的信徒這一步，已經沒有辦法超越時代。對於和藝術市場共存共榮的紐約幫來說，大家期望看到新氣象也已經期望很久了。雖然有很多具備才華的新秀從世界各國湧來，不過要跳脫這股籠罩紐約的陰霾相當不容易。

雖然有人超越美術領域，思考更根本的問題，深入近代文明的人性本質，提出一些新思潮，想要對抗這種狀態，不過內容都只是在緬懷蒙德里安[58]和康丁斯基[59]，完全沒有突破過去的思考邏輯。新達達主義[60]也不例外。我們可以說當時決定性的美術方向與復興還沒有出現。站在這樣的關卡上，讓人很難預測未來會發生什麼事。唯一可以確定的是，開創未來的鑰匙掌握在我們年輕一輩的手裡。

當時大家都已經知道紐約變不出新的「主義」。在這座城市，各方面的生存競爭都很激烈，充滿各種僥倖的機會，無法預測風評的影響力到底有多深。藝術經理人以無情的商業考量主導美術界，各種惡行惡狀也越來越令人難以忍受，這種狀況讓追求創新的藝術家們感到相當苦惱。

當時想要獲得世俗的虛名，除了成為百老匯的歌手或女星之外，還有很多其他的路。若是選擇簡單的路去走，墮落的速度也會很快。不過雖說時勢惡劣如此，意志堅定不為所動的藝術家仍然很多，他們也創造出許多傑出的作品。

有時候我創作累了，會跑去紐約現代美術館[61]，站在遼闊的美術史跟前，欣賞那些禁得起時代考驗的作品，像計算數學那樣帶著批判性的眼光，分析形塑作品創作過程和靈感發想的社會背景。可是一回到現實，每次思考自己創作的前途，都必須要迎頭面對開創未來的困難。

站在創作者的立場來看，所有的嘗試都是一種賭博，都會通往未知的世界，我只是像過去成千上萬的藝術家那樣，被某種引力吸引，攀上雲深不知處的高山。要是知道山有多高的話，從明日開始，我的人生就會失去顏色。我每一天都更深刻感受到，沒有比畫畫或者是創作野心更大、更令人難以理解的競技場。我好不容易終於抓到造型藝術的線頭，可是明天說不定又要把我所學到的一切全部丟掉。我就這樣一天一天畫著、創作著，腦袋不停打轉。

陽具型的軟雕塑[62]

一九六一年左右，我的作品出現一個變化，那就是採用軟雕塑這種表現形式。原本畫在畫布上的那張網越畫越大，最後湧出畫布蔓延到桌子、地板、椅子和牆上……我就這樣超越執念藝術[63]的範疇繼續發展，從畫家蛻變成為一個環境雕刻家。

一九六二年十月，我在紐約格林畫廊[64]舉辦的聯展中，第一次發表軟雕塑作品。內容包含一張刷白的扶手椅和一張八腳長椅，上面全部覆滿陽具形的突起物。這間由理查・貝拉米[65]經營的畫廊才剛開幕一年，舉辦完這次聯展之後，它成了舉世聞名的紐約普普藝術發源地。

克萊斯・歐登伯格[66]當時也是聯展的參展者之一，作品是一件固若磐石的西裝。在那之後，歐登伯格發表了一個以數字為主題的軟雕塑作品，然而我去參觀的時候，他太太派特[67]卻跟我道歉說：「彌生，真是不好意思。」

緊接著，一九六三年十二月，我在紐約的葛楚・史坦畫廊[68]召開了名為「千舟連翩」（One Thousand Boats Show）的個展。這是我第一次製作裝置作品。

密密麻麻的白色陽具突起物爬滿了一艘真實比例、全長十公尺的小船，而周遭所有的牆壁和天花板則封上九百九十九張這艘船的單色海報。站在這個空間裡面，大家會感覺有一千艘船在自己身邊旋轉、漸漸逼近，進入一種暈眩與出神的境界。

藝評家布萊安・歐杜哈提[69]在《紐約時報》上評論：

「在小船周圍被聚光燈打亮的空間中，同一艘船的照片在牆上蔓延，彷彿共鳴的回聲，最後又融合為一，回到中央的船上。這件作品引發出一種詩意的效果，雖然並不起眼，不過我們不該一笑置之，把它當成超現實主義的惡作劇。草間彌生開創了一種蠢蠢欲動的物件和環境。」

安迪・沃荷[70]來到展場的時候大叫：「哇！彌生，這，是什麼東西？」然後接著說：「真是太棒啦。」幾年後，沃荷發表了一個作品，用絹版印刷的牛頭海報把李奧・卡斯帖利畫廊[71]的天花板和一面牆全部貼滿，明顯就是在重覆或者是模仿我在「千舟連翩」展使用的手法。

如果有人想要問我說，為什麼一開始做軟雕塑就要用陰莖這種形狀來做，那是因為我認為性行為是污穢的，對其抱持恐懼。我做過許許多多和性有關的物件，常常有人認為我對於性非常熱中，可是這完全是一種誤會。事實上完全相反，其實是因為我太過害怕的關係。

這些為了治療我自己對於性的厭惡和恐懼所創造出來的物件，就是陰莖。我一直做陰莖，一直做陰莖，用這種方法來對抗內在的陰影。也就是說，製作陰莖其實是一種自我療法。我自己將此命名為「心因藝術」[72]。

我非常害怕性行為和男性生殖器，怕到要躲進壁櫥裡發抖。所以我要盡可能拼命製造、拼命製造這些形狀，讓自己處於慌亂的核心，藉此填補自己內在的缺口，讓自己漸漸擺脫這種恐懼。我每天就這樣持續製造幾千幾萬個自己害怕的形狀，把驚惶慢慢轉變成熟悉。

為什麼我會這麼害怕性行為呢？那是因為教育和環境的關係。從我是一個小女孩開始，一直到我少女時代，我都為了這件事情在苦惱。性行為是污穢的、可恥的、必須掩人耳目，我受的教育灌輸我這樣的觀念。再加上當時的風氣講求門當戶對相親結婚，完全禁止自由戀愛，女生也不可以任意和男生交談。

此外，我小時候曾經好幾次當場目睹別人正在親熱，那種親眼目擊的驚嚇一點一點把我淹沒，瞬間讓我對自己的未來感到非常焦慮。對於年幼的我來說，想到親人竟然會有這種行為，不可收拾的情緒就一直懸在心頭。把性交視為一種暴力這種觀念，就這樣在我內心中濃縮成為男性生殖器這個形狀。

我非常討厭可怕的暴力和戰爭。可是雖然人類做了各式各樣的努力，還是沒有辦法避免發生這種事情。到頭來，戰鬥衝動可以化約成是因為男性擁有生殖器的關係。正是因為男人擁有生殖器，所以他們永遠無法避免戰爭與暴力。

我一天到晚都在製造這些令人生畏的形象，藉此克制我的情緒。我做了不知道多少根軟雕塑的陽具，試著睡在那些物件當中。結果可怕的造型慢慢變成了古怪的造型、甚至是可笑的造型，變得好像可以光明正大、坦率歌頌自己的疾病。就像這樣，我溫柔地創造了好幾億根陰莖。

我用「心因藝術」的方式，首度把「性與食物」的主題引進美國當代藝術。對我來說，食物也是一種激發心因藝術的主題，是我所害怕的事物之一。讓我舉一個具體的例子，譬如說我會用通心粉的形狀來創作，對我來說，這也是從自己的執念發展出來的。

我們生活在一個被食物包圍的世界，這些食物從自助餐廳和輸送帶源源不絕湧來。我們求生不得，求死不能，沒有任何其他選擇，只能張開嘴把這些食物吞下去。人類就這樣一直吃一直吃，把這些機械生產出來的食物全部吃下肚。只要想到我們今後還要繼續吃幾千幾萬倍的通心粉，我就覺得非常慌張，被一種強迫性的烏雲籠罩。於是我開始親手雕刻通心粉，試圖超越這種恐懼感。

創作，然後消融

一般而言，藝術家不會把自己的心結直接和盤托出表現在創作裡，可是我是把自己的心結和恐懼直接轉化成為表現的對象。我光是想到要把那些又長又醜的男性生殖器插到身體裡，就覺得很害怕，所以做了一堆陰莖；想到今後要永無止盡繼續吃那種用機械生產製造的通心粉，就感覺頭皮發麻，所以刻了一堆通心粉。

一直做，一直做，連綿不絕地做，把自己融進那些表現物裡面，這就是我所謂的「消融」[73]，意思是「讓自己的形體消融」。

譬如說我在自己全身畫滿圓點，然後把背景也都填上一樣的圖案，這就是一種「自我消融」。或者是把一匹馬和牠的背景全部都畫上圓點，這樣馬的形狀就好像消失，和圓點同化，而馬這個塊體則和永恆合而為一。我也是一樣，只要這樣做，我就可以消除自己的存在。

這時候，物件上的斑點是「陽」，背景上的網點是「陰」，兩者會出現這樣的關係。創作陽具軟雕塑的時候，突出的部分是陽，陽具與陽具之間的空隙是陰。把這些陰陽的特質結合起來就是我的表現方式。當陰陽融合的時候，我就可以消除自己的存在。

我就這樣接二連三把執念藝術的構想具體化。一九六四年四月，我在紐約的卡斯帖蘭尼畫廊[74]舉辦個展「壓迫意象」（Driving Image Show），提倡「心因藝術」，並展出相關的「性・食物・與執念」（Sex・Food・Obsession）系列作品。

我用通心粉這種機械生產的食物蓋滿內褲、襯衫、外套、鞋子、還有性徵等等各式各樣的事物，這正是「食物與性徵的強迫症」。此外，我還把瓶子、桌子、廚房用品、鞋子全都覆上一層無盡之網，把「忍耐的造型」、「制約家具」、「蠻橫斗室」、「增殖視覺」、「空氣強迫」、「食物之毯」這些概念全都具象化。當時我用一個意象來傳達這些概念，就像是襯底的桌巾逆勢翻轉過來攻擊電話。

桌巾的花紋從電話表面蔓延開來，慢慢爬上房裡的門，沾滿整面牆壁和天花板，不斷向外擴散。地板上則鋪滿一層通心粉。我把一隻身上綴滿通心粉的狗放到展場裡面，女性觀眾一邊用高跟鞋踐踏那些通心粉一邊尖叫，那隻狗就在大家的腳步之間穿梭，不停瘋狂咆哮。

《紐約時報》報導這項個展說：「草間又開創了嶄新的藝術領域，大家絕對不能錯過。」這個展覽除了在美國各地巡迴之外，還到歐洲各地巡展，這使我在歐洲增加了許多未曾謀面的支持者。因此，我開始密集往返於美國與歐洲之間。

我最難忘的是赫伯特・里德爵士[75]前來造訪我的紐約個展。當時里德從英國到麻薩諸塞州的衛斯理大學（Wesleyan University）演講時，特地從那裡前來參觀我的作品，帶給我很大的鼓勵。

一九六〇年我在華盛頓DC舉辦「無限的網」個展時，赫伯特・里德就曾經經由碧崔斯・培里夫人[76]的介紹前來參觀，我們很早就見過面。這位出生於英國約克夏的詩人、文藝評論家，不僅把我選入「美國現代新人展」，還經常給予我許多幫助、支持與鼓勵。

當時里德針對「壓迫意象」寫了一段話：

「幾年前我在華盛頓發現了草間彌生的作品，可是今天我真的是再度感受到眼前的這些作品多麼具有原創性。草間早期的作品讓人感覺無始無終、無形無界，彷彿想要強調空間的無窮。她創造出一種形式，用首尾一致、彷若菌絲般不停增殖的白色掩蔽物，把意識封閉起來。那是一種自律的藝術，用毫不遮掩的方式呈現一種超越的真實。那種奇妙又美麗的形象，以一種令人瞠目結舌的方式，鮮明地在我們的感官上留下烙印。」

我創造的食物和性徵意象，後來在一九六〇年代的紐約畫壇漸漸風行起來。此外，我的作品陸陸續續開始帶有立體或者是空間的特性，經歷這個過程之後，我開始用鏡子和塑膠來創作。成果就是一九六五年十一月在卡斯帖蘭尼畫廊展出的個展：「無限鏡屋——陽具原野」（Infinity Mirror Room-Phalli's Field）。

我在房間四面裝設鏡子，讓綴滿紅斑的好幾千根白布陰莖生滿地面。這四面鏡子把中央的物件包圍起來，透過無限的反射，召喚出莊嚴又不可思議的「陽具原野」。人們可以赤腳走在房間裡面，雕刻和觀眾合而為一，大家可以親身感受自己的姿態和動作成為雕刻作品的一部分。人們迷失在這無限延伸的神祕王國裡，站在斑點的原野上成為幻想的俘虜。他們會看見恢弘壯闊的人類性徵，轉變成一種幽默的圓點圖案，會看見人類對於性的恐懼在光天化日之下蒸發消失。

在鏡子系列作品之後，我開始進入電子雕塑的新階段。一九六六年三月，我在同一地點卡斯帖蘭尼畫廊舉辦個展：「草間彌生的窺探秀」（Kusama's Peep Show），別名「永恆的愛」（Endless Love Show）。這次個展完全沒有展出繪畫作品或是立體雕塑，而是以一個多媒體裝置做為主角。

我安排了一間內側佈滿鏡子的六角型房間，然後把紅白藍綠黃的小燈泡嵌在裝設鏡子的天花板上，交相明滅連綿不絕。會場中播放音樂，然後我發給所有來參觀的人一個印有「Love Forever」(愛會長長久久)的徽章。

我在這次個展的宣傳手冊上寫道：

「一九六六年『永恆的愛』，在這次展覽當中，包含了機械化、反覆、強迫觀念、衝動、暈眩、無法實現的無限的愛等等觀念。我把這個裝置稱之為『窺探秀』。取這個名稱的用意，是因為觀眾雖然可以在這房間裡面觀看，可是卻觸碰不到任何事物。」

裝設在天花板上的照明設備高速明滅，每次閃爍都會出現不同的排列組合和色彩搭配。十七種不同的迷幻異象幻化成萬物起源的光，把那些走進電子雕塑屋的人們勾引到瘋狂的世界。以前我自己親身經歷過那種靈魂出竅、徘徊在生死之交的狀態，現在我終於用這個裝置把那種感覺重現出來。我把這個巨大的環境雕塑視為一座愛的禮堂，將它命名為「永恆的愛」，這個個展的風評馬上傳開。

這個展覽是我的宣言，要獻給我這一生的愛。鏡中幾千幾萬道光速明滅的色彩，正是我們凡塵俗世的縮影。或許某次絢爛消散之後的黑暗，會把我們的靈魂帶進陰鬱的死寂，在那瞬間的毫釐與倏忽中，我們會斬斷人生這不堪的大戲，對生命與享樂的萬花筒搖頭。那些迷幻的光，是夢，是泡影，是天堂。

奔向無盡的高速公路

讓我們倒轉一下時間。一九六五年四月，我把「千舟連翩」送去荷蘭阿姆斯特丹市立美術館[77]參加「Nul / Zero 1965」聯展[78]。當時主要的參展人有路奇奧・封塔那、伊伏・克萊因、皮耶羅・曼佐尼、恩立科・卡斯特蘭尼[79]、漢克・皮特斯[80]等等。

《Art Voice》[81]的總編高登・布朗[82]，寫了一篇名為〈草間彌生——執念藝術領航者〉的文章，刊在《當代藝術》[83]7月號：

「大部分的美國人都認為日本女性像是溫室裡的花朵一樣，所以當我看到草間的作品時，真的是耳目一新。她真的非常厲害！心無旁騖，簡直就像是一台追求創造能量和藝術成就的發動機。草間彌生本人非常可愛，現在正值創作巔峰，魅力無法擋，博得三大洲觀眾的喝采，美國人用花來比喻她還真是相當名符其實。（中略）

草間小姐受邀前往荷蘭阿姆斯特丹參加『Nul / Zero 1965』展，和封塔那、索托[84]、哈克[85]並列，擁有自己個人的展間。（中略）開幕邀請了大約兩百名記者、藝評家和藝術經理人來共襄盛舉，草間小姐還特地為了這一天從紐約趕來。雖然大家表面上在採訪她，可是所有的人其實都被草間充滿青春活力的言行舉止迷惑了。她一身猩皮黑衣、豔紅緊身褲搭配靴子，奇裝異服的裝扮奪走了所有人的目光。」

日本新聞媒體過去幾乎完全無視於我的存在，直到那個時候才開始稍稍關注我：

「如果我們想要討論當今紐約藝術創作的第一線，我們絕對不可以忽略草間彌生。在麥迪遜大街的一流畫廊當中，要是談到日本創作者，大家馬上就會聯想到草間這個名字。她把芋頭狀的白色布團種滿整艘船、整張椅子、還有整尊人體模特兒。草間在七年前東渡紐約，獲得赫伯特・里德的賞識，最近除了美國之外，歐洲各國也相當積極推廣她的作品。」（筱田守男，〈美國的另類雕刻家們〉，《美術手帖》[86] 4月號）

我從一九六五年年底到隔年年初，都留在義大利米蘭，籌備一件六月「威尼斯雙年展」[87]要展出的戶外裝置作品。當時路奇奧・封塔那支持我在米蘭設立一間自己的工作室，幫我製做作品，連怎樣籌備創作資金都幫我想好。為了回報他，我送給他一個長滿陰莖的行李箱。

有些報導說我其實並沒有受邀參加當年第三十三屆的「威尼斯雙年展」，只是自己想要擅自參加，還被人家否決，我必須在這邊澄清。雖然我並沒有正式受邀，可是我直接接觸到策展主席，並且確實獲得了對方的首肯。

那件名為《自戀庭園》（*Narcissus Garden*）的環境裝置作品，是用一千五百個塑膠材質的鏡面玻璃球，鋪滿一片濃密的草坪。當時策展主席還親手幫我一起布置，證明我並非沒有參加資格。當時我把兩年前赫伯特・里德稱讚我個展的文章印成傳單，然後身穿金色的振袖和服[88]，紮著銀色腰帶站在我的作品裡發放。

當時我以一顆球一千兩百里拉（約兩美元）的價格在現場賣，想要批判藝術界太過商業化，可是這種和觀眾互動的表演，震驚了威尼斯雙年展的策展單位。他們用「藝術作品不應該像『熱狗或冰淇淋』那樣賣，這種行為並不適當」的理由禁止我銷售這些球，所以我只好讓作品保持原狀。

一九九三年，距離當初那時候大約隔了三十年，我終於成為正式的日本代表受邀參加「威尼斯雙年展」。這件事情讓我有很深的感慨，而且讓我更加意識到當初一九六六年的時候，我什麼事情真的都是自己來。

我就像這樣漸漸發展、進化、擴充自己的創作方式。覺得到死亡降臨之前，自己的生命簡直就像是奔馳在一條永無止盡的高速公路上，覺得自己好像還會再繼續喝好幾千杯自助餐提供的自助式咖啡。不管我喜不喜歡這樣，我都會繼續追求、繼續逃避各式各樣的感受和景象，直到生命的盡頭。

我沒有辦法中斷自己的生命，也沒有辦法迴避死亡。意識到自己還活著，有時候也會把我逼瘋。創作前後，我經常都在生病。我被攀附在自己身上的妄想威脅，不知道這些問題到底是從我自己內部浮現，還是從外面湧來。

我不是基督徒，也不信佛，自己也沒有什麼自制力。我在現實與非現實的感受之間漂流，意識到自己被拋進一個機械化、標準化的均質環境。當我待在文明高度發展的美國，尤其是紐約這座城市的時候，這種感覺分外強烈。

人類和外在發達的都市叢林之間隔著一條裂縫，裡面藏有很多精神和肉體的問題。我對人類、社會和自然之間的互動非常感興趣。自己的藝術造型往往都是從這些問題累積發展出來的。

4 長野縣的松本：長野縣位於日本中央，是完全沒有接觸海的內陸縣，境內多是高山和盆地。松本是長野縣內第二大城。

5 日本阿爾卑斯山：日本本州中部地方飛驒山脈、木曾山脈、赤石山脈的總稱。這個名稱源自於一八八一年英國刊行的《日本導覽手冊》，之後廣為流傳，成為日本普及用語。

6 喬治亞・歐姬芙：Georgia O'Keeffe，一八八七—一九八六，美國二十世紀藝術大師。

7 艾爾弗雷德・史蒂格勒茲：Alfred Stieglitz，一八六四—一九四六。美國攝影家與當代藝術推廣者。他耗費五十年的生涯為攝影建立藝術地位，此外，他於二十世紀初營運的291畫廊也引介了許多有爭議性的藝術創作與歐洲近代的前衛藝術作品。

8 植原悅二郎：一八七七—一九六二。大正昭和時期的日本政治家、政治學者。曾任國務大臣、內務大臣。

9 內村祐之：一八九七—一九八〇。日本精神醫學家。

10 西丸四方：一九一〇—二〇〇二。日本醫學家、精神醫師，專精精神病理學。

11 茵・杜扇努：Zoë Dusanne，一八八四—一九七二。非裔美國人，美國太平洋岸的當代藝術推廣家。她是西雅圖第一個將專業標準、培育、行銷、與教育當地大眾等層面整合在一起的當代藝術經理人。一九五〇年，她開設了西雅圖第一間專業當代藝術藝廊（Zoë Dusanne Gallery），也是西雅圖第一間私人藝廊。展出保羅・克利、瓦西里・康丁斯基、費爾南・雷捷等藝術家作品，以及逐漸為人所知的西北畫派藝術家如：馬克・托貝（Mark Tobey）、蓋・安德森（Guy Anderson）、肯尼斯・卡拉翰（Kenneth Callahan）、莫里斯・葛雷夫斯（Morris Graves）、喬治・蔦川（George Tsutakawa）等人的作品。

12 馬克・托貝：Mark Tobey，一八九〇—一九七六。美國抽象表現主義畫家。是西北畫派中最重要的一位。西北畫派最重要的創作風格在於他們採用了華盛頓州西部的自然元素，尤其是斯卡吉谷地（Skagit Valley）那種朦朧的光線。光線和用色的色調範圍是西北畫派最重要的特徵之一。就算馬克・托貝的作品當中沒有那麼多西北物質元素，還是可以從他那種淡淡的粉彩用色，還有陰影稀薄的濃密光線來判別他的風格歸屬。托貝曾經周遊歐洲、中東、東亞學習阿拉伯書法、中國書法和日本俳句，傾心東方宗教與哲學。他最著名的是「白書法」（white writing）這種技巧，把白色或淺色的字符覆蓋寫在一層抽象的表面上，這層抽象的底紋本身也是由成千上萬的細小筆觸交織而成。

13 肯尼斯・卡拉翰：Kenneth Callahan，一九〇五—一九八六。美國抽象表現主義畫家。西北畫派主要的代表畫家之一，與多數西北畫派創作者一樣，卡拉翰的創作幾乎都是自學而成的。西北畫派融合普吉特灣區（Puget Sound）的自然元素與傳統亞洲美學，在繪畫、雕塑、攝影等領域開創出一種鮮明創新的區域風格。這群人年齡相近，深受太平洋岸的自然環境影響，作畫經常採用蛋彩、油彩和不透明水彩作畫，雕刻則採用自然石頭和陶土做媒材，藉此表現他們對西北風光的感受。除了他們原本的創作淵源之外，他們也受超現實主義、立體派和抽象表現主義的啟發。西北畫派藝術家常被貼上神祕標籤，雖然他們大部分堅決否認。此外，這群人也從未一起共同工作過，因此他們否定自己是一個特定「派別」。這群人是因為他們的風格受到相同的事物影響，產生一種共通的主題，所以才被賦予一個統稱。

14 喬治・蔦川：George Tsutakawa，一九一〇—一九九七。雕塑家、畫家。他生於西雅圖，在日本岡山度過童年，後來返美獲得華盛頓大學的藝術學位並留校任教。除了水墨畫和油畫之外，他還在美國、加拿大、日本各地創作青銅噴泉雕塑。

15 frontier spirit：約翰・甘迺迪總統成為民主黨總統候選人時，曾在演講中提出其著名的口號「new frontier」（新邊疆）。此處可能是草間小姐筆誤。

16 山姆・法蘭西斯：Sam Francis，一九二三—一九九四。美國畫家、版畫家。他受羅斯科（Mark Rothko）等抽象表現主義畫家影響，在法國巴黎接觸滴色派（Tachisme），後來前往日本又受禪宗感發，開始在畫面中使用留白和渲染等技巧。他的成熟作品主要是大型的油畫，上面佈滿色彩對比鮮明的飛濺斑點。

17 伊狄絲・郝伯特：Edith Gregor Halpert，一九〇〇—一九七〇。紐約藝術經理人，一九二六—一九七〇年之間先後於紐約四個不同地點經營她的畫廊。在史蒂格勒茲過世之後，她還積極招攬對方許多旗下的重要畫家轉到她的畫廊，包含約翰・馬林（John Marin）、歐姬芙（O'Keeffe）和亞瑟・加菲爾・多弗（Arthur Garfield Dove）。

18 國吉康雄：Yasuo Kuniyoshi，一八八九—一九五三。美國畫家、攝影師、版畫家。他出生於日本岡山，於一九〇六年輟學，隻身前往美國。在洛杉磯藝術與設計學校（Los Angeles School of Art and Design）學習三年，然後前往紐約。一九一六年，他進入紐約藝術學生聯盟（Art Students League of New York）就讀。在國吉康雄那個時代，美國社會不斷經歷劇烈的動盪，從排斥日本移民、經濟大蕭條、一直到第二次世界大戰……國吉康雄自身也常為自己的雙重身分感到痛苦。三〇年代時，國吉康雄開始獲得更高的評價，然而隨著惡化的國際情勢，日本人的身分也讓他開始感到困擾。國吉在這時期的繪畫主題是在馬戲團和酒吧工作的女性，以及堆積在桌椅上的雜物。這或許和他感到在兩國之間失去自己的安身之處，自己似乎只能孤獨漂泊有關。二戰過後，國吉康雄意識到抽象表現主義和超現實主義的風潮，畫風轉變成以紅色為主的沉重氛圍，在諸多荒涼的風景中，出現了許多堅強的女性姿態。雖然國吉康雄已然成為美國最具代表性的畫家之一，甚至代表美國參加威尼斯雙年展，然而帶面具的小丑們這種不安的主題也與日俱增。現在國吉康雄與班・尚（Ben Shahn）、愛德華・霍普（Edward Hopper）等人共同被視為足以代表二十世紀前半的美國畫家，享譽世界。代表作有《是誰撕壞我的海報》、《飛躍的無頭馬》等。

19 約翰・馬林：John Marin，一八七〇—一九五三，美國現代主義代表性畫家、版畫家。以抽象風景畫與水彩畫聞名。艾爾弗雷德・史蒂格勒玆身旁藝術圈的主要成員之一。他將畫作中的動態視為一種現代性的象徵，代表二十世紀的生活節奏。他晚期油畫作品強烈影響了後來的抽象表現主義藝術家。

20 史都華・戴維斯：Stuart Davis，一八九二—一九六四。美國最具代表性的立體派畫家之一，抽象畫家。最具代表性的作品是他在四、五〇年代時深受爵士樂影響的普普藝術繪畫，以及他在二十世紀初期的垃圾桶畫派（Ashcan School）作品。他採用當代事物譬如香菸包裝、火星塞廣告、還有當代美國景像作主題，使他成為普普藝術的先驅之一。一九二八到二九年，在他走訪巴黎之後，他透過個人綜合的觀點而非立體派分析性的觀點，替美國立體派引近一種新的繪畫元素。他採用自然的形狀，特別是那些可以暗示美式生活特色的形狀做為視覺元素，然後運用清晰的輪廓線和對比鮮明的色彩把它們轉換成平面海報風格。後來，戴維斯越來越往純粹的抽象圖案靠攏，並且把文字、廣告文案和海報版面引進構圖當中，對爵士樂的愛好在畫面中轉換成一種視覺的熱情和衝動。戴維斯用一種非常精巧的方式把立體派的概念轉化成他的原創風格，並且帶有明確的美國色彩。無論他畫的作品再抽象，他都堅稱來自於他的現實觀察。

21 全名為惠特尼美國藝術博物館：Whitney Museum of American Art，位於紐約，是著重收藏二十世紀之後美國藝術的博物館。惠特尼博物館相當重視在世當代藝術家的作品，當代藝術家和過去二十世紀前半的館藏受到同等對待。此外，長年以來館方舉辦的年度展和雙年展也是年輕或者未成名藝術家們的一個展示平台。

22 行動繪畫：Action painting，專指一種潑灑、塗抹或讓顏料自然流淌的作畫風格。這些作品通常會強調作畫過程的舉止動作內涵，把它當成是作品的必要元素，或者是創作概念的一部分。以代表人物波洛克（Jackson Pollock）的作畫方式為例，波洛克將大幅畫布平鋪在地上，然後在畫面四周走動，甚至直接走到畫上，用滴濺、潑灑的方式作畫。他在作畫的過程當中，畫筆不會直接接觸畫布。繪畫的過程像是某種舞蹈儀式，是用整個身體在運動。

23 布拉塔畫廊：Brata Gallery，一九五七—六〇年代中期，位於東十街八十九號。由約翰・克勒許尼克（John Krushenick）和尼可拉斯・克勒許尼克（Nicholas Krushenick）兩兄弟創立，展出的藝術家有草間彌生、抽象畫家艾德華・克拉克（Edward Clark）、艾爾・亥爾德（Al Held）等數十位。

24 畫廊街：第十街畫廊群（Tenth Street galleries），指的是一九五〇—一九六〇年代聚集在曼哈頓下東城的一群畫廊。相對於麥迪遜大道和第五十七街藝廊那種保守和高度篩選的風格，第十街這裡展示的都是前衛作品。

25 威廉・杜・庫寧：Willem de Kooning，一九〇四—一九九七。荷蘭籍美國抽象表現主義畫家，也是該派別和波洛克齊名最重要的大將。二戰之後，杜・庫寧開始用人稱抽象表現主義或行動繪畫的風格作畫，並和波洛克、克萊恩（Franz Kline）、羅斯科（Mark Rothko）等人共同被稱為紐約畫派（New York School）。杜・庫寧喜歡在不同的抽象風格中游移，不把抽象視作唯一的選擇，因此在他的畫中經常可以看到對形象的回應。他折衷採用半具象半抽象的方式作畫，以一種粗曠又曖昧的黑色輪廓線來勾勒畫面，這些輪廓線不但沒有清楚區隔色彩的分界，反而讓各個區塊彼此交會混融，物體形象扭曲變形，與背景空間混為一體。

26 弗蘭茲・克萊恩：Franz Kline，一九一〇—一九六二。他經常被歸為紐約派抽象表現主義畫家。克萊恩最為人所知的畫作是他的黑白系列作品。雖然他大部分的畫都帶有一種即興和戲劇性的爆發力，然而他常常會仔細參考他事先做過的草圖，他有許多複雜的作品都是經過研究得來。建築和工業元素像是橋、隧道、建築、鐵路等等也常被納入他的作品意象中。

27 零群：Group Zero。一九五七年海因茲・馬克（Heinz Mack）、歐托・皮彥（Otto Piene）和隨後加入的鈞特・于克（Günther Uecker），在德國杜塞道夫創設了這個組織，並創辦「零」刊物。他們運用蒙德里安（Piet Mondrian）和馬列維奇（Kasimir Malevich）建立的抽象繪畫理論奠定基礎，並受伊伕・克萊因（Yves Klein）、路奇奧・封塔那（Lucio Fontana）等人的單色繪畫（monochrome），以及尚・汀各里（Jean Tinguely）的機械雕塑影響。這個組織後來發展成五、六〇年代最重要的跨國藝術運動，同年代的歐洲主要藝術家克萊因、封塔那、汀各里、以索托（Jesús Rafael Soto）為首的動態藝術（Kinetic art）創作群，都曾經參與過相關活動。除了平面與立體作品之外，零群的創作也涵蓋裝置和表演等等不同的型態和表現形式。「零群」主張一切從0開始，他們特意強調一段沉靜的時間，舊的事物可以在這段中繼的時間當中蛻變。他們把二戰結束德國投降視為一個時間零（zero hour）的起始點，放棄政治性的理念，追求一種具有理想、審美、道德和科技融合的新世界。藉由這種美學概念，他們運用動態的光線與動力裝置創造出一種介於平面和雕塑之間的作品。創作者強化視覺和光線的感受過程，利用嚴謹多變的幾何結構讓觀眾體驗沉靜當中蘊藏的爆發力。馬克在沙漠中建立光線裝置，皮彥透過光線芭蕾系列作品（Lichtballette）呈現自然的能量，于克則是在畫布上釘滿釘子，透過人工光線營造一種交錯繁複的視覺效果。一九六六年零群解散，但是他們的嘗試繼續影響到後來的歐普藝術（Op Art）以及光線雕塑（Light Sculpture）。二〇〇八年，三位原班人馬於杜塞道夫創設了零群基金會（ZERO foundation）。

28 普普藝術：Pop Art，普普藝術是英國五〇年代中期與美國五〇年代晚期興起的一股視覺藝術風潮。藝術家把大量生產的流行視覺商品運用在純藝術的領域中，對傳統藝術概念造成衝擊。普普藝術把物件抽離它原本的脈絡，或者把它和其他物件並置引發聯想，創作態度往往勝過作品實質的藝術內涵。它最大的特色就是從大眾流行文化譬如廣告、漫畫或日常物品當中擷取主題和技巧，這股風潮被視為是一種對當時主導藝壇的抽象表現主義的反動與延伸。他們採用流行的視覺元素而非精英的藝術文化，經常用一種反諷的方式強調既有稀鬆平常的庸俗事物。最具代表性的例子就是安迪・沃荷（Andy Warhol）使用康寶濃湯的商標和產品包裝這種現成的廣告元素來創作。

29 行：在漢譯經典中，「行」這個佛教術語被廣泛用來翻譯許多不同的概念。主要包含如下：行住坐臥的「行走」；修行；行願的「實踐」；行道、行儀的「儀式」；行為導致的「業」；形塑萬物變化的「塑造、演變」；現象界諸行無常的「一切存在生滅」；五蘊和十二因緣中的「意念」。

30 畢卡索：Pablo Ruiz Picasso，一八八一—一九七三。西班牙畫家、雕塑家。和喬治・布拉克（Georges Braque）同為立體主義的創始者。畢卡索是二十世紀現代藝術的主要代表人物之一，遺世的作品包括油畫、素描、雕塑、拼貼、陶瓷等作品。畢卡索一生經歷了許多不同的風格時期，吸納嘗試各種風格，廣泛涉獵立體主義、非洲原始藝術、超現實主義到古典主義等不同創作方式，難以歸類。代表作有《亞維儂姑娘》、《格爾尼卡》、《哭泣的女人》等。

31 馬諦斯：Henri Matisse，一八六九—一九五四。法國畫家，野獸派（Fauvisme）的創始人、主要代表人物，以使用鮮明、大膽的色彩而著名。他師事象徵主義畫家莫羅（Gustave Moreau），並受到後印象派的畫家塞尚（Paul Cézanne）、高更（Paul Gauguin）、梵谷（Vincent Willem van Gogh）、希涅克（Paul Signac）等人的影響，同時吸收日本藝術形式，在自己的作品中將顏色的作用發揮到極致。馬諦斯是畢卡索的朋友，同時又是對手，他認為自己的畫作是來自自然，而畢卡索的是來自自己的想像。雖然兩人都以女人和靜物作為主要描繪對象，可是馬諦斯更傾向將描繪的對象放到真實的場景中。野獸派並不像立體派那麼理性分析，更重視主觀的感覺，他們認為色彩是一種表現創作者主觀感受的工具，不必為整體構圖或素描的線條服務。他們揮別文藝復興以來的寫實主義，不再使用視覺觀察的色彩而是採用內心感受的色彩來創作。

32 多爾・阿修頓：Dore Ashton，一九二八—，作家、批評家。阿修頓畢業於哈佛，是重要的現當代藝評家。著有三十餘冊相關著作，包含《雙面野口勇》（*Noguchi East and West*）、《談談羅斯科》（*About Rothko*）、《一九四五年後的美國藝術》（*American Art Since 1945*）、《喬瑟夫・科奈爾集錄》（*A Joseph Cornell Album*）、《紐約畫派：一種文化意見》（*The New York School: A Cultural Reckoning*）、《畢卡索論藝》（*Picasso On Art*）等等。

33 席尼・提林姆：Sidney Tillim，一九二五—二〇〇一，畫家、評論家。曾為《藝術文摘》（*Arts Digest*）寫展覽評論，並在一九六五至七〇年間，於《藝術論壇》（*Artforum*）擔任撰文編輯，寫了許多普普藝術、色域繪畫（Color Field Painting）、地景藝術（Earth Art）的專題。他早期畫過抽象畫和靜物畫，之後轉為一種敘事性的人物作品，並受十八世紀法國繪畫的影響，創作了一系列美國革命年代的歷史畫作。七〇年代他又轉回抽象畫，運用他偶然發現的一種抽象拓印畫法，創造出一批他最具原創性的作品。

34 《Arts》：原為《Arts Digest》，席尼・提林姆和唐納・賈德都曾撰稿。

35 唐納・賈德：Donald Judd，一九二八—一九九四，美國極簡藝術家（不過本人極力否認）、設計師。早年曾於藝術刊物上撰寫藝評。他想要運用作品為物件及其塑造的空間，尋找一種自主性和明確性，擺脫任何相對的階級高下。他開創一種發散性的結構，沒有極簡主義所要求的那種嚴格規範。賈德認為藝術不必成為任何現實事物的再現，應該簡潔明確，獨立存在。七〇年代，他創造一些以房間規格做為標準的裝置，把這種空間變成他的遊戲場，並把他的藝術觀點轉換成一種身體性的經驗。他依照自己個人嚴格的美學標準創作清晰明確的作品，晚期還跨足家具、設計和建築等領域。

36 《ARTnews》：創立於一九〇二年，是世界上歷史最久、也最普及的藝術雜誌。

37 馬克・羅斯科：Mark Rothko，一九〇三—一九七〇，拉脫維亞裔美國畫家。他通常被歸類為抽象表現主義畫家，然而本人卻加以否認，甚至否認自己是抽象畫家。羅斯科早年受希臘神話、原始藝術、和宗教悲劇之類傳統題材吸引，又被朱安・米羅（Jean Miro）及安德烈・馬松（André Masson）等超現實主義畫家的創作手法影響，創作出一些具備超現實主義色彩的作品。一九四七年以後，他越來越傾向以更純粹的形式和技巧去創作。

38 克里佛・史提爾：Clyfford Still，一九〇四—一九八〇，美國抽象表現主義派代表畫家之一。史提爾和杜・庫寧、羅斯科、波洛克等人共為二戰後第一代的抽象表現主義畫家，他的風格大約從三〇年代末四〇年代初開始轉變，從具象再現轉為抽象，是最早開始朝這方向鑽研的畫家之一，為這派別奠定基礎。抽象的造型、強烈的筆觸、以及巨大的畫作尺寸，是抽象表現主義最典型的特徵。這些表現手法都是為了處理創作、生命、掙扎、死亡這些普遍性的議題，用來表現二戰以及戰後的狀態。史提爾也是非常重要的色域繪畫創作者。他用多元的方式並置不同的色彩和平面，不像羅斯科和巴奈特・紐曼（Barnett Newman）那麼單純。史提爾很少固定採用什麼造型，他的畫法讓人感覺好像有一層顏色被撕下來，露出底下的顏色。此外，羅斯科和紐曼都是用平塗和薄塗的方式上色，但史提爾會用厚塗的方式在油畫表面製造微妙的筆觸和陰影。他的大型作品讓人聯想到自然景物和自然現象那種神祕和凝練的氣氛，彷彿鐘乳石、洞穴或樹葉。光影的質感更增添了他作品的詩意和深度。

39 巴奈特・紐曼：Barnett Newman，一九〇五—一九七〇。美國抽象表現主義和色域繪畫重要畫家。紐曼是藝評家出身，曾替許多展覽圖錄和刊物撰稿。四〇年代時，紐曼依舊跟隨著超現實主義的創作潮流，之後開始發展自己的成熟風格。紐曼最典型的作品是用一條垂直的線條分割一片渲染的底色。紐曼把這條直線稱為「拉鍊」（zips）。起初拉鍊系列採用色彩斑斕的效果做底色，後來演變成平塗純淨的色彩。紐曼自認為他的「唯一」（Onement，1948）系列是他步入成熟期的代表作。拉鍊以一種既分割又統一的效果建構了整個畫面的空間結構，成為紐曼終身的創作主題。在他某次心臟病發作之後，他開始創作「交錯之境」（The Stations of the Cross，1958-66）系列，這系列普遍被視為是他的顛峰代表作。紐曼拒絕像其他抽象表現主義畫家那樣採用激烈的筆觸，譬如克里佛・史提爾和馬克・羅斯科。他用平塗的色彩描繪明確的色塊，可以算是後繪畫性抽象（post painterly abstraction）和極簡主義的先驅。雖然重量級藝評家克萊門・格林堡曾大力讚揚紐曼，不過紐曼生前絕大多數的時間都沒有獲得藝壇認可，直到晚年才漸受重視，影響許多新一輩的藝術家。

40 信州：日本古代信濃國的別稱，即現在的長野縣。

41 羅伯・泰勒：ロバート・テイラー音譯。

42 抽象表現主義，美國戰後一九四〇年代後半至一九五〇年代最盛行的繪畫風潮。它是第一個源於美國卻影響全世界的藝術風潮。這股風潮很快就席捲全美，不過核心主要源於紐約和舊金山灣區。抽象表現主義的主要特徵是使用震驚世人的超大畫布尺寸、畫面上沒有焦點、底色和造型曖昧難分、色彩和線條均勻遍佈紙面等等。他們採用了一種新的創作觀點，認為畫布是創作者進行繪畫行為的空間（field），而不是再現現實形體的平面。代表作家有傑克遜・波洛克、巴奈特・紐曼、馬克・羅斯科等。抽象表現主義繼承了超現實主義強調即興自動創作和潛意識的美學。波洛克把顏料潑灑到平鋪在地上畫布的技巧，源自於安德烈・馬松（André Masson）等超現實畫家。另一股先驅則來自於西北畫派畫家，譬如馬克・托貝，尤其是他的「白書法」技巧影響了後來的「遍佈」（all over）風格。抽象表現主義這個名稱，來自於強調情緒和自我否定的德國表現主義，以及涵蓋未來主義、包浩斯、立體派等反形象美學的歐洲抽象畫派，主要帶著一種反叛、無政府主義、高度理念化，以及虛無感的創作概念，涵蓋了各式各樣完全不同、既非抽象也非表現主義的創作者。

43 雷斯利・阿蘭德：レスリー・アーランダー音譯。

44 傑克遜・波洛克：Jackson Pollock，一九一二—一九五六。美國最具影響力的抽象表現主義大師。二戰時許多歐洲超現實主義畫家流亡美國，波洛克和這些創作者交流，受到畢卡索和米羅等人的影響，使他越來越重視無意識的意象。此外，他於一九三五至四二年參與了聯邦美術計畫的工作。這是羅斯福新政的一部分，委託眾多新銳藝術家替公共建築進行壁畫或公共藝術創作。波洛克擔任墨西哥壁畫運動大師西揆羅斯（David Alfaro Siqueiros）的助手，巨大的牆面與噴槍，和過去畫布與筆刷的世界形成巨大的對比，讓波洛克倍感衝擊。這段經歷加上他觀看印第安原住民沙畫的經驗帶給他很深的影響。一九四三年，波洛克開始運用一種新的技巧。他把畫布平敷地面，運用各種道具直接把顏料和油漆「滴灑」在畫上，開創了「行動繪畫」的新潮流。

45 布魯克林國際展：這裡指的是一九五九年紐約布魯克林美術館（Brooklyn Museum）主辦的第二十屆國際水彩畫雙年展。

46 約翰・高頓：ジョン・ゴードン音譯。

47 勒沃庫森美術館：指的是位於勒沃庫森市（Leverkusen）莫爾斯布洛伊堡的市立美術館（Städtisches Museum Leverkusen Schloß Morsbroich）。

48 烏度・庫特曼：Udo Kultermann，一九二七—二〇一三。歐洲藝評家。生於德國，活躍於歐美。著有三十五本藝術與建築相關書籍，包含《非洲建築新方向》（*New Directions in African Architecture*）以及《藝術與生活－跨媒體的功能》（*Art and Life – The Function of Intermedia*）等。一九五九年，庫特曼任職莫爾斯布洛伊堡市立美術館館長。庫特曼相當關注零群運動，曾邀請艾德・萊因哈特（Ad Reinhardt）前往德國展出。

49 路奇奧・封塔那：Lucio Fontana，一八九九—一九六八，阿根廷畫家、雕刻家。他是空間主義（Spatialism）的創始人，也是貧窮藝術（Arte Povera）和觀念藝術（Conceptual Art）的先驅。封塔那早年和抽象與表現主義畫家們一起工作，四〇年代他回到阿根廷，與幾位學生創立了阿塔米拉學院（Altamira academy），並發表白色宣言（White Manifesto），聲明「變化中的物質、色彩和聲音會同步發展出一種新藝術」。四〇年代末，他回到歐洲發表空間主義宣言，並開始他最著名的割破畫布系列，進一步打破圖畫的平面。封塔那想要揭露「這個世界的真實空間」，進而捕捉動態與時間，這些行動為將來的觀念藝術與環境藝術家提出發展的新方向，從畫布跨進現實空間的領域。

50 伊伕・克萊因：Yves Klein，一九二八—一九六二，法國戰後重要藝術家。藝術學者將其歸為新達達主義或後現代主義先驅人物。克萊因最著名的就是他的克萊因藍，他以群青色（Ultramarine）為底創造了國際克萊因藍（International Klein Blue，簡稱ＩＫＢ），並以這種顏色做為他的創作商標。從一九五八年開始，克萊因開始把ＩＫＢ這種顏色視為創作的核心，創作了許多單色作品。這些作品往往包含表演成分，克萊因將其稱之為人體測量學（Anthropométries）系列。他會把裸體模特兒塗上藍色，命令他們走動、翻滾或撲倒在空白或單色畫布上，藉此創作作品。

51 皮耶羅・曼佐尼：Piero Manzoni，一九三三—一九六三，義大利藝術家，以反諷的觀念藝術作品聞名。他受克萊因影響，作品啟發後來貧窮藝術的年輕創作者。他的作品相當具爭議性，因為他不用平常的創作媒材，反而採用從兔毛到排泄物等各式各樣的生活素材創作作品，企圖追尋普遍性的價值。二戰後，義大利社會轉變成為大量生產與消費的生活型態，他的作品被視為是對於這種現象的一種批判，是概念藝術的先驅。

52 史蒂芬・拉迪奇畫廊：Stephen Radich Gallery。拉迪奇（一九二二—二〇〇七）早年在哥倫比亞大學修習藝術和哲學，五〇年代到許多紐約藝廊工作，包含威黑書店藝廊（Weyhe Book Store and Gallery）、科特・瓦倫庭藝廊（Curt Valentin Gallery）和瑪莎・傑克森藝廊（Martha Jackson Gallery）。一九六〇—一九六九，拉迪奇先生在麥迪遜大街上開了他的藝廊，展出喬治・舒格曼（George Sugarman）、草間彌生和狄米特力・哈吉（Dmitri Hadzi）等當代藝術家的作品。

53 查克・克洛：チャック・クロール音譯。

54 卡萊爾・巴洛茲：カーライル・バローズ音譯。

55 非具象藝術：Non-objective art。抽象藝術（Abstract art）、非描寫藝術（nonfigurative art）、非物象藝術（nonobjective art）、非再現藝術（nonrepresentational art）這幾個詞雖然定義不同，但是指稱的概念彼此相近。非具象藝術這個詞最早被用來描述抽象藝術，譬如立體派取消畫面深度的概念，把焦點轉移到如何安排畫面上的線條、形狀與顏色，使畫面和諧。畫面並不是用來再現現實世界的物象，也沒有任何可供辨認的形體描寫。非具象藝術的作品主要是運用設計的原則（平衡、反覆、統一、韻律、比例、呼應、變化、強調與動態），來操作各種美術元素，譬如顏色、形狀、線條、造型、空間、亮度、質感等。

56 史都華・布列斯頓：スチュアート・ブレストン音譯。

57 伊魯瑪・狄亞菲：イルマ・ディアフェー音譯。

58 蒙德里安：Piet Mondrian，一八七二—一九四四，荷蘭畫家，和康丁斯基並列為早期抽象繪畫大家，也是風格派運動（De Stijl）的代表人物。蒙德里安早期作品呈現出印象派的田園風光，還有野獸派的配色風格。三十歲後半，蒙德里安開始對神智學派（Theosophy）的活動感興趣，對於內在的追尋也影響了他隨後的創作風格。同時，立體派也對他造成很大的衝擊。一戰期間他遇到杜斯柏格（Theo van Doesburg），兩人共同成立風格派與同名雜誌，發表〈繪畫的新形式〉（*The New Plastic in Painting*）。戰後蒙德里安搬到巴黎，開始逐步摸索他最為人所知的新造型主義（neoplasticism）風格，以垂直水平的黑線切分畫面，並塗上紅黃藍三原色。蒙德里安並不是用平塗的方式上色，彩色的方塊帶著微妙、明顯又方向一致的筆觸。最有趣的是他運用來自四面八方的筆觸描繪白色的平面，創造出一面獨立的圖層，搭配黑線網格創造延伸的深度。蒙德里安晚年躲避二戰移居紐約，完成了他的代表作《百老匯鋼琴藍調》（*Broadway Boogie-Woogie*），色彩繽紛的色塊取代了黑線，更加輕靈生動。

59 康丁斯基：Wassily Kandinsky，一八六六—一九四四，俄國畫家、藝術史家，他是最早的幾位抽象繪畫大師之一。康丁斯基常用音樂術語指稱自己的作品，譬如用「即興」（improvisation）來描述比較自發衝動的作品，用「編曲」（composition）描述那些裝飾性更強的作品。這是因為音樂並不試圖再現外在空間，而是想要傳達內在的情感，和抽象藝術概念相符的關係。康丁斯基曾受邀前往包浩斯學院（Bauhaus）任教。他為抽象藝術發聲，認為所有的藝術元素都可以觸及更高的境界，色彩可以單獨存在，不必附屬於某個造型。

60 新達達主義：Neo-Dada，流行於一九五〇後半至六〇年代的美國藝術風潮。一九五八年，美國藝評家哈洛・盧森堡在《ARTnews》用這個名詞來概括一批當代創作，包含羅柏・羅森堡（Robert Rauschenberg）、傑斯帕・瓊斯（Jasper Johns）等畫家；以及進行乍現（happening）之類表演藝術活動的艾倫・卡普洛（Allan Kaprow）、克萊斯・歐登伯格（Claes Oldenburg）、吉姆・戴恩（Jim Dine）等。這些作品在創作概念和技巧上和過去的達達主義有類似之處，使用現成物、廢棄物、拼貼流行元素，以及荒謬對比做主題，反對傳統美學。六〇年代藝評家羅斯（Barbara Rose）用這個術語概括當時創作風潮，讓這個名詞更為普及。新達達和一次大戰戰前歐洲的達達主義最主要的不同在於，達達主義使用現成物等技巧來創作，主要是在進行藝術觀念和語言的實驗，可是在大量生產和消費的美國五〇年代，新達達創作者更喜歡使用廢棄物來創作，展現出一種更即興的風格。這些作品被稱為垃圾藝術（Junk Art），既有反藝術的成分在，同時也帶著新觀點。創作者把這些充斥在環境當中的垃圾視為一種新的自然，從中發掘新的美感，想要塑造一種「工業化社會的自然主義」。匯流派（Fluxus）、歐陸新寫實運動（Nouveau réalisme）、普普藝術等都在不同脈絡中呼應這股風潮。

61 紐約現代美術館：The Museum of Modern Art（MoMA），創立於一九二八年，紐約收藏現當代藝術的重鎮，被認為是全世界最重要的現代藝術美術館之一。

62 軟雕塑：Soft sculpture，用布料、泡沫橡膠、塑膠、紙、纖維之類軟性材料或充氣製作的雕塑。克萊斯・歐登柏格在六〇年代的時候運用這種技術，使它廣為流行。

63 執念藝術：Obsessional Art。草間彌生對於自己的精神狀況相當有自覺，常用精神醫學的術語來描述自己，自稱「執念藝術家」（obsessive artist）。她認為自己帶著一種非描繪點點不可的創作強迫症，由此發展創作出來的作品就是「執念藝術」。這個詞的來源是強迫症（Obsessive-compulsive disorder），由糾纏腦中揮之不去的憂慮（obsession）和難以抗拒的衝動（compulsion）構成。在此採用「執念」來翻譯，這個詞語特指難以放下的偏激態度與執著，一方面這個日文名詞自古以來就廣泛用來描述日本文化中某種極端的性格特質，二來這個詞有時也會用來形容暗黑舞踏等日本當代藝術。

64 格林畫廊：Green Gallery，位於紐約曼哈頓的藝廊，於一九六〇—一九六五年間營運。由收藏家羅勃・史固爾（Robert Scull）出資，理查・貝拉米負責營運。五〇年代末六〇年代初，紐約前衛藝術圈普遍圍繞在下城區第十街畫廊群一帶，格林畫廊是上城區第一間展示這些前衛作品的藝廊。這間藝廊營運期間拓展了紐約的藝術風景，展示一群嶄新的後抽象表現主義藝術家，呈現六〇年代中葉的新風格：色域繪畫、詩意抽象（Lyrical Abstraction）、極簡主義、歐普藝術、匯流派（Fluxus）和普普藝術。

65 理查・貝拉米：Richard Bellamy，一九二七—一九九八，知名紐約藝術經理人。五〇年代初，貝拉米定居紐約，成為漢薩藝廊（Hansa Gallery）的總監，這是東十街藝術家共同營運的一間藝廊，成員包含艾倫・卡普洛、羅勃・惠特曼（Robert Whitman）等。一九五九年，漢薩歇業，貝拉米尋得收藏家羅勃・史固爾資助，於一九六〇年開了格林畫廊，在五年間拓展了紐約藝術圈百家爭鳴的局面。他替許多重要藝術家舉辦過首次或第二次個展，這些傑出的紀錄建立了畫廊的聲譽，包含克萊斯・歐登伯格的軟雕塑首展、唐納・賈德的淺鎘紅（cadmium red light）雕塑、以及羅勃・莫里斯（Robert Morris）的前三次個展，以及蘇維洛（Mark di Suvero）、草間彌生、羅莎諾（Lee Lozano）等人的展覽。然而因為銷售狀況不佳，史固爾撤銷贊助，格林畫廊不得不歇業，貝拉米轉而把許多藝術家轉介給另一間引領風潮的李奧・卡斯帖利畫廊（Leo Castelli Gallery）。六〇至七〇年代初，貝拉米在諾亞・苟德烏斯基畫廊（Noah Goldowsky）租了一間辦公室策展，成為收藏家、美術館和年輕經理人值得信賴的顧問。八〇年代，他率先在曼哈頓下運河街三角區（TriBeCa）開設藝廊，也和芭芭拉・弗萊恩（Barbara Flynn）合夥在蘇活區開設畫廊，積極和孤立或很少曝光的藝術家們合作。

66 克萊斯・歐登伯格：Claes Oldenburg，一九二九—，瑞典雕刻家。他最著名的作品是那些放置在公共空間的巨大日常用品雕刻，還有日常用品造型的軟雕塑作品。歐登柏格自小就到美國求學，一九五六年他前往紐約，遇見吉姆・戴恩、艾倫・卡普洛等人，開始參與乍現藝術活動。六〇年代，他投入普普藝術風潮，並把自己的乍現稱為「光線槍劇場」（Ray Gun Theatre）。起初他那些巨大的日常用品造型引發眾人的譏笑，但是那些引人注目的巨大口紅、鋸子、冰淇淋隨後卻獲得許多人的喜愛。

67 派特：Pat Muschinski，克萊斯・歐登伯格的第一任妻子，替歐登柏格縫了許多他早期的軟雕塑，也是他乍現演出的表演班底。

68 葛楚・史坦畫廊：Gertrude Stein Gallery，葛楚・史坦在一九〇四—一九一三年間與哥哥李奧・史坦（Leo Stein）共同開設了這間私人畫廊。他們受益於藝術史家貝倫森（Bernard Berenson）的眼光，陸陸續續收藏了許多重要藝術家的作品，包含塞尚、德拉克拉瓦（Eugène Delacroix）、馬諦斯、畢卡索、高更等等。葛楚・史坦（一八七四—一九四六）是美國作家，善於交際，生涯大半待在法國，是當時文藝圈的重要推手。她與許多文藝大家交遊，畢卡索、海明威、阿波里奈爾（Guillaume Apollinaire）等都是她的座上嘉賓。

69 布萊安・歐杜哈提：ブライアン・オドゥハーティ音譯。

70 安迪・沃荷：Andy Warhol，一九二八－一九八七，美國藝術家，是普普藝術的代表人物。早年沃荷是個不錯的廣告插畫家，他在一九六二年首度舉辦藝術個展，並且開始運用廣告品牌和名人肖像製作版畫。這時他也成立著名的工廠工作室（The Factory）吸引各個領域的藝術家。他大量生產、唯錢是問的作風引發相當大的爭議，作品內容也引發討論風潮，令人質疑什麼才是藝術創作。沃荷的版畫以美鈔廣告商品等日常符號、社會新聞照片、或者明星肖像為主題，採用華麗的配色，以絹版印刷的方式大量生產。

71 李奧・卡斯帖利畫廊：Leo Castelli Gallery。李奧・卡斯帖利，一九〇七－一九九九，知名美國藝術經理人。在五十餘年的經營歲月當中，他的畫廊可以說是美國當代藝術的縮影，各式各樣的風潮都曾經在此出現。一九五七年他在紐約開設了自己的畫廊，展示歐洲超現實主義、康丁斯基以及其他歐陸藝術作品，同時也納入抽象表現主義畫家，譬如波洛克、杜・庫寧、通伯利（Cy Twombly）、布魯姆（Norman Bluhm）等。一九五八年，羅森堡（Robert Rauschenberg）和瓊斯（Jasper Johns）加入，顯示時代開始朝普普藝術、極簡主義和觀念藝術轉變。六〇－七〇年代，史帖拉（Frank Stella）、奔忒蔻（Lee Bontecou）、李奇登斯坦（Roy Lichtenstein）、沃荷（Andy Warhol）、賈德等人陸續加入卡斯帖利畫廊，聲勢甚至大到在蘇活區另外開了兩個分館。

72 心因藝術：Psychosomatic Art，這是草間彌生自創的名詞，語源來自身心醫學（Psychosomatic Medicine）。草間把內心的恐懼具體化，轉變成這些作品，這些由心理因素引發的創作就像是由心理因素引發的症狀一樣，因此把這個詞翻譯成「心因藝術」。

73 消融：草間彌生描述自己的創作時，常用日文漢字「消滅」來對應英文的「obliterate」，然而基於本書之後的描述，她追求的並不是抹除一切不留痕跡的「毀滅」，反而是一種隱藏自我、融入創作物，和世間萬物甚至永恆化為一體、合而為一的「融合」。因此譯成中文時不直接用原文漢字，而用「消融」這個詞彙來翻。

74 卡斯帖蘭尼畫廊：Richard Castellane Gallery，里察・卡斯帖蘭尼（Richard Castellane）於普林斯頓大學主修藝術和考古學，哥倫比亞大學研究所畢業之後開始擔任藝術經理人的工作，經手的藝術家有草間彌生和地景藝術家羅柏・史密斯森（Robert Smithson）。

75 赫伯特・里德爵士：Sir Herbert Edward Read，一八九三－一九六八。英國詩人，並以文藝評論家身分聞名於世。他熱烈擁護英國當代藝術家譬如保羅・納許（Paul Nash）、亨利・摩爾（Henry Moore）等人，並和納許的當代藝術團體（Unit One）關係密切，於愛丁堡大學擔任藝術教授並編輯引領風潮的《伯靈頓雜誌》(*Burlington Magazine*)。一九三六年，他參與策畫倫敦國際超現實主義展並編輯圖錄，內文收錄了布赫東(André Breton)、保羅・艾呂雅(Paul Éluard)等人的文章。他也兼任畫廊董事和策展人，並和Roland Penrose創設當代藝術館(Institute of Contemporary Arts)。一九五三年被封為伯爵。著作包括：《詩集》(*Collected Poems*)、《榮耀的感受》(*The Sense of Glory*)、《理性和浪漫主義》(*Reason and Romanticism*)、《藝術和社會》(*Art and Society*)、《詩和無政府主義》(*Poetry and Anarchism*)等數十本。

76 碧崔斯・培里夫人：ベアトリス・ペリー音譯。

77 阿姆斯特丹市立美術館：指的是斯特德立克美術館(Stedelijk Museum)。

78 Nul / Zero 1965聯展：展覽原名「Nul 1965」。草間彌生可能是想要強調零群這個國際運動的整體概念，所以並置荷蘭創作團體空無派(Nul)和零群(Zero)，此外Nul和Zero也都是0的意思。當年荷蘭空無派、德國零群、義大利方位角派(Azimuth)、以及法國新寫實主義(Nouveau Realisme)都是六〇年代歐陸藝壇興起的新勢力。

79 恩立科・卡斯特蘭尼：Enrico Castellani，一九三〇—二〇一七。義大利藝術家。卡斯特蘭尼在比利時完成學業後回到義大利，結識曼佐尼、封塔那、波那魯米(Agostino Bonalumi)、克萊因等人，隨後也參與當時聲勢浩大的國際零群運動。卡斯特蘭尼最著名的是他一九五九年的「暗黑表面」(Superficie Nera)系列作品，運用釘槍在單色畫布(通常是白色)上創造出一種光影的浮雕效果。

80 漢克・皮特斯：Henk Peeters，一九二五—二〇一三。荷蘭藝術家，零群運動成員之一。他和雅曼多(Armando)、斯宏霍芬(Jan Schoonhoven)、亨德里克(Jan Henderikse)等人共同在六〇年代創立荷蘭空無派(NUL movement)。空無派追求不帶情感的客觀藝術，隨後與國際零群運動匯流。皮特斯從一九五八年開始參展，以群展為主在國際出現。空無派的特點在於「反繪畫」(anti-painterly)，他們不用傳統畫材或石材，而以工業材料代替。最主要的特徵是單色調(只用很少的顏色)、節奏性重複(運用相同元素不斷堆疊)、系列化生產(作品會有好幾件複製品，以擁抱工業時代)以及材料現成物(盡可能不改變原始材料以反應真實)。

81 《Art Voice》：アート・ヴォイス音譯。

82 高登・布朗：ゴードン・ブラウン音譯。

83 《當代藝術》：日文原為《現代美術》。

84 赫蘇斯・拉斐爾・索托：Jesús Rafael Soto，一九二三—二〇〇五，委內瑞拉藝術家。主要創作歐普藝術和動態藝術作品。索托二十後半前往巴黎，與亞剛(Yaacov Agam)、尚・汀各里、瓦沙雷利(Victor Vasarely)等藝術家交遊。索托創造出一種著名的裝置作品稱之為「遊棚」（penetrables），人們可以穿梭其中和作品互動。這個裝置是在一座巨大的棚架當中懸吊許多細長懸垂下來的彩色管子，觀眾可以鑽進棚架裡面玩。他的作品和觀眾是一體的，當觀眾直接和作品接觸的時候，作品才真正完成。

85 漢斯・哈克：Hans Haacke，一九三六—，德國—美國概念藝術家，也創作地景藝術作品。哈克的作品時常是公眾人物和跨國企業的頭痛對象，他也是批判藝術機制（Institutional Critique）的代表性藝術家。經常處理社會政治結構性的問題，以及藝術的政治性。他最著名的作品之一《夏波斯基一幫人與曼哈頓不動產控股公司，一九七一年五月一日的即時社會系統》（*Shapolsky et al. Manhattan Real Estate Holdings, A Real Time Social System, as of May 1, 1971*），把夏波斯基（Harry Shapolsky）從一九五一年到一九七一年間可疑的房地產交易暴露在大眾面前，這是他在古根漢美術館的個展作品之一。這件作品觸及美術館董事的商業行為和個人內幕，最後在開幕六周前遭到館長撤銷展覽。另一次在德國瓦拉夫理查茲美術館（Wallraf-Richartz museum）也因接露納粹第三帝國的內幕遭到取消。即使他和韓國藝術家白南準一同代表德國參加威尼斯雙年展奪得金獅大獎，還是遭到許多國際展館封殺。一九八四年美國美孚石油公司（Mobil）威脅英國最大的泰德美術館不得發行哈克的展覽圖錄，否則將以違反其公司權益之罪名告上法庭。一九九〇年，美國煙草商菲力普・摩里斯（Philip Morris）則試圖以法律行動威脅即將舉辦哈克個展的紐約韋伯畫廊（John Weber Gallery）。這些事件都是因為哈克利用作品使美孚支持南非政府種族隔離政策、以及摩里斯提供政治獻金等內幕曝光，這些名流想要藉由贊助藝術洗刷污名的動機因此遭到質疑。

86 《美術手帖》：創刊於一九四八年，由美術出版社發行的雜誌，以日本與國際近當代的藝術資訊為主。

87 威尼斯雙年展：Venice Biennale，創立於一八九五年，是全世界最大的國際當代藝術展之一。起初這個活動以裝飾藝術為主，後來各個國家開始設立國家館，關注焦點也轉向當代藝術，成為國際藝術盛會。威尼斯國際影展、威尼斯建築雙年展、戲劇節、音樂節等都是涵蓋其中的周邊活動。

88 振袖和服：日本和服的樣式之一，特徵是袖子有長如翅膀的下擺。現在通常是日本未婚女性在儀式或祭典穿著的正式服裝，會因應會面場合與對象選擇適合的風格。

鄉關舊事——

畫家的自覺　1929-1957

故国を去るまで——画家としての目覚め　1929-1957

我在二十八歲的時候前往美國。我想當時如果沒有去美國的話，我就不會是今天的草間彌生了。去美國之前，我活在一個非常保守的環境裡，我的夢想就是盡快離開那裡，出去看看世界，不斷為此努力。原本我想要更早出國，可是因為當時出國很困難，加上家人尤其是我母親激烈反對，所以才一直拖到二十八歲。

可是，可以出國真的是太好了。如果我就那樣繼續待在日本的話，不可能會有今天的成就。無論是身為一個人還是身為一個藝術家，能夠發展到今天這個模樣，都是因為美國這個環境把我帶大。

一九二九年三月二十二日，我在長野縣松本市出生。我是家裡的老么，父親名叫草間嘉門，母親名叫茂。

我家的家世背景很好，一百年前就開始用很大一片土地經營育苗和採種場。每天我們家都會雇用一大堆人來採收種子，依堇花、百日草等等的加以分類，把這些種子批發到日本全國各地零售。當時溫室還很稀有，可是我們家就有六間，常常會有學校帶學生來參觀。我家算是資產階級，會贊助當地畫家，對於藝術也有一定程度的了解。可是一旦當我想要成為畫家，那又另當別論。

我外公是一位野心家，無論是在事業上還是政治上都非常活躍，而我媽繼承了他激烈的脾氣和血統。我父親是入贅到這家的養婿[89]。這個家庭背景因素也是導致我童年和少女時代遭受那麼嚴密管控的原因之一。

一九三五年，我開始就讀松本市立鎌田小學。一九四一年，積年累月的戰爭漸漸擴大，演變到太平洋戰爭的階段，我也在這一年進了長野縣立松本第一女子高級中學（後來改名為長野縣立蟻蟻崎高級中學）。從這個時候起，我開始會感覺到幻覺和幻聽，我會看到物體周遭浮現光芒，聽見動物或植物在說話。

從我小時候開始，我就常常會帶著素描本跑去採種場玩。那裡有一大片堇花的花圃，我會坐在花圃裡胡思亂想發呆。某一天，一朵一朵的堇花像人一樣擺出不同個性的表情開始跟我說話。它們對我說話，聲音越來越大，大到我的耳朵開始痛。

我以前都以為只有人會講話，遇到這些堇花用語言跟我溝通，我真的是嚇了一大跳。那時候，我眼中看到的花全都長著人臉，而且都面對我的方向。我覺得非常害怕，雙腳不停發抖，完全不知道該怎麼辦。

我一直跑一直跑，不知不覺跑回家。回家途中，我家的狗追上我，用人類的語言對我叫，我都還沒反應過來，又發現我的聲音變狗叫。到底是怎麼了？到底發生什麼事？我飛奔回家，整個人幾乎崩潰。後來我臉色發青，躲到壁櫥裡，才終於鬆一口氣。我待在陰暗的壁櫥裡，回想剛才整件事情的經過，完全不知道到底是真的，還是在作夢。

或者，有時候我走在郊外，時候不早了，天色漸漸暗下來。不經意抬頭向上看，發現山脈的稜線上突然放射萬丈金光，那光好閃亮，映出千奇百怪的事物。琳瑯滿目的景象撲進我的眼眶，讓我越來越迷茫。

每次遇到這種情況，我都會馬上跑回家，把剛剛看到的景象畫到素描簿上。我會一幅一幅拼命畫下來。在那當下，我會感覺自己的心好像不在現場，自己好像跑到另外一個世界去了。最後變成好像是因為想要把那些畫面記錄下來所以才畫畫，留下許多描繪幻覺的筆記。我就是以這樣的方式，讓當下感受到的驚嚇和恐懼漸漸沉澱。這些經歷可以說是我畫畫的原點。

堇花妄想

有一天　我的聲音突然
變成堇花
鎮定下來　屏住呼吸
真的嗎　一切
今天發生的一切

插在桌上的堇花脫身
插到我的身體上
一朵一朵　纏上來
紫色的花
奪走我的愛

情況危險啦

香到動彈不得啦
看啊　連天花板和柱子都
開花了

青春很難寫
堇花不要跟我講話
快把聲音還給我
我還不想長大
再給我一年就好
我會悄悄跟上

每天我都一直畫畫。我每次都這樣，腦海中接二連三冒出靈感，光是把這些靈感畫下來，我的手就已經跟不上。過了六十年，現在畫畫的時候也還是一樣，完全都沒有任何改變。總之我就是專心趁靈感消失之前，把它記錄下來。譬如說，我有一件很久以前的作品，名稱叫《離別》。當初我和別人分開非常悲傷，就從壁櫥裡找出一些非常貼近我當時心情的布，一邊掉眼淚，一邊抱著它們創作。那時候我根本就還不知道什麼是拼貼，但我真的是小時候就做了這樣的作品。

大自然、宇宙、人類、血、花，還有各式各樣森羅萬象的事物，自從我懂事以來，它們便以神奇、恐懼或者是神祕的方式，在我的視覺、聽覺，還有內心深處留下深刻的印象。它們牢牢糾纏住我的生命，不放我離開。這些未知的、隱隱約約躲藏在靈魂背後的可怕東西，像怨靈一樣頑固，一步一步把我逼到妄想的死角。結果讓我長年陷入一種半瘋狂的狀態。

這種「陰霾」、一下耀眼、一下沉入幽暗深海當中、一下讓我血脈賁張、唆使我裝腔作勢憤怒破壞的怪物，到底是什麼啊……唯一脫離這種狀態的方法，就是在紙上用鉛筆或其他顏料，把它們具象畫出來，將這些念頭固定，這樣才能夠控制它們。

當時精神醫師還不像現在這麼普及，當那些焦慮、幻想或者是幻覺跑來侵襲我的時候，我都只能自己一個人單獨跟它們對抗。我有部分聽力障礙，這個祕密只有我知道，很怕別人會發現，有時候外界環境讓我太緊張，也會讓我氣喘發作。我身邊完全沒有適當的人可以跟我討論這些問題，也沒有辦法討論感情。社會上的事全都隱藏在一團霧裡，父母、社會、還有我之間的關係完全都被切斷。這種狀態真的是讓我氣到快要抓狂，而且覺得一點都不合理。

譬如說，我認為打從我出現在母親的子宮裡面，自己身旁周遭的一切、還有我自己所遭遇的一切，就已經註定是絕望。我幾乎沒有辦法在這個世界上活下去，畫畫就像是我被逼到絕境之後唯一的呼吸。基本上，我是基於一種原始本能的狀態在畫畫，和藝術距離很遙遠。

往返現實與幻想

堇花事件只是一個開端，之後我陸陸續續和不同的靈魂相互交流，和它們對話，從現實世界鑽進幻象的光。在那些過程當中，我全身起雞皮疙瘩，雙腳顫抖站不穩。雖然內心很害怕，可是我覺得這些並不是幻覺，這個世界的樣貌就是這樣。我精神錯亂，身心都被拉進那個陌生的世界。

灰暗陰森的池畔，萬籟闃寂，綠藻下，有一個勾引魂魄的身影。我的魂魄不知不覺受他吸引，慢慢走進池中溺斃……我也曾經遭遇過像是這樣的神祕經驗。那很像是一種靈魂脫離肉體瞬間所帶來的解脫。我的人生就這樣被迫漂流在生死之間，是一種持續被附身的時空經歷。

有一天，我看到桌上蓋著一張紅色花紋的桌布，抬頭一看，天花板、窗玻璃、柱子全都蓋滿了一樣的花色。整間房間、整個身體、整個宇宙都被紅色的花紋填滿，最後我就消失了。後來，我在永恆的時間和絕對的空間裡面又恢復還原成我自己。這不是幻覺，是真正發生在我身上的現實。遇到這件事我完全啞口無言，緊接著，我的身體就開始被無盡之網束縛。

假使我不逃走的話，就會被紅花詛咒，那我就死定了。我神智不清跑向階梯，向下一看，一層一層的階梯都崩潰粉碎了。結果我就這樣被絆倒，從上面滾下去扭到腳。

後來，「崩潰和累積」、「增生和分散」、「粒子般的消散感和看不見的宇宙回聲」，就變成我創作的基本概念，這些全部都是從那次經驗發展出來的。

此外，有時候，我身邊會出現一層像薄紗一樣，顏色混濁不清的灰色帳幕把我蓋住，這件事情也讓我覺得很困擾。這種狀況出現的時候，我面前的人都會退到很遙遠的地方，看起來變得很小。就算和別人交談，我也都搞不清楚對方在說什麼。出門的話，我會忘記回家的路，在路上徘徊，蹲在別人家的屋簷下，整晚就這樣待在那邊，直到我恢復清醒。這種事情發生過好多次。當我被那層疏離的簾幕籠罩，我會失去感受時間、速度，還有語言的能力，只能關在房間裡。這樣一來，我更被其他人當成是不知道該怎樣處理的「問題兒童」。

當我往返在陌生的世界和現實之間的時候，我都會生病，變成創作的囚徒。我會在紙和畫布上面畫畫、製作一些不知道是什麼東西的物件，反覆做這些動作慢慢喚醒我自己的內在空間，把自己召喚回來。這些經驗是我創作的方針，也是我的生活方式。我把我自己內在根本的衝動當成是創作的基礎，不侷限在當下用藝術混口飯吃，也不像變色龍一樣追逐時尚流行，濫竽充數。

從童年到青春期，我身兼特殊兒童和不良少女的身分，就這樣跳進大風大浪。相同的問題不停重演，這是一場永無止盡的鬱悶戰爭，而且我父母老是在吵架。

我父親出身富有的庶民階級，雖然成為妻家的養子，可是他完全不顧家庭，個性豪放又浪蕩。他原本就花錢如流水，常跑去青樓或者是去找藝妓，連家裡幫忙的女傭都接二連三被他染指，可以說是鬧得無法無天。我母親身為當家大小姐，非常驕傲，每次看到我父親這樣都氣到不行，她個性本來就很激烈，會天翻地覆把家裡弄得亂七八糟。

每次父親跑出去找情人的時候，我母親都會叫我去跟蹤，調查他到底跑去哪裡。雖然我很討厭這個工作，可是因為這是母親交代的事，只好照辦。我在冬天的寒風中流鼻水，一邊發抖一邊走。不過因為當時我年紀還小，所以一下子就被父親甩掉了。結果回家去報告，母親又對我大發雷霆。不過，為了從我母親那邊拿到可以吃餛飩吃到飽的跑路費，每次我都拼了命去找我父親。因為我老是在反覆做這些事情，所以根本就沒有辦法好好讀書。

在這慘澹的家庭裡生活，只有畫畫能讓我神智清醒。加上我對待人處事完全沒有概念，從早到晚都很容易跟別人起衝突，累積的不安和精神壓力，又會因旁人的批評一起升高。沉鬱的未來，就像是每天用掏糞的手在同一個茅坑裡攪來攪去那樣，感覺好像快要發霉。這些事情陸陸續續累積下來，讓我的心變得越來越暴力、越來越荒蕪。

當時社會上的價值觀普遍認為，「女生當畫家沒前途」。我家家風那麼封閉保守，也沒辦法跳脫「畫圖作戲不是什麼正經事……」那種觀念。

尤其是我媽，她非常反對我畫畫。她可能在腦海裡想像我老了以後會一身病痛，流浪街頭，最後上吊自殺。那時候大部分的鄉下畫家，都是一天到晚想要變有錢，然後拿去喝酒，過著一點意義都沒有的生活。因為我媽會跟那些人買畫，所以她一定覺得自己的女兒變那樣就完蛋了。

她會跟我說，如果我真的那麼喜歡畫，當一個收藏家就好啦。絕對不准去當什麼畫家。可是因為我每天從早到晚除了畫畫以外什麼也不做，母親被我氣瘋，甚至曾經用腳把我的調色盤踢翻過。除此之外，有時候她也會特地跑來找我吵架。

如果是買洋裝或和服，不管要多少錢我母親都會出，可是她絕對不會花錢幫我買畫材或畫布。在這方面，我父親就從來沒對我成天畫圖說過半句話。一開始買畫具給我的人也是他。雖然母親反對說，幹嘛買那種東西，可是因為我父親也很喜歡畫畫，所以還是幫我準備了很好的畫筆和顏料。當時我就已經決定好，如果父母離婚的話，我要跟我父親。

我母親原本就非常神經質又歇斯底里，再加上父親花天酒地那麼猖狂，所以她只要一看到我畫畫，就會掀翻桌子，把畫撕破丟掉。這讓我覺得自己和母親非常不合。有一次，我真的忍無可忍很想要離開家，就和我朋友兩個女生，在一個天色非常非常寂寞的清晨一路逃到東京去。

不管怎麼說，我還是頑強地畫了好多好多的畫，一張一張層層疊疊堆到天花板。我腦中的靈感像火山噴火一樣源源不絕，每次都必須四處奔走，為了張羅畫布、紙和畫材操煩。只要能夠解決問題，要我做什麼都行，幾乎可以說是不擇手段。

我曾經偷過可以拿來當畫布的東西，這件事情我是在迷迷糊糊的狀況下幹的。我也曾經從進出我家的工人那裡偷過油漆。當我偷家裡的錢買到畫布，或者拿到朋友給我的進口油畫顏料，簡直是如獲至寶。我也曾經把撿來的麻袋，敷在人家丟掉的窗框上畫畫，畫出《隔離布幕的囚犯》和《積累的大地》。

更糟的是，反對我成為畫家的母親突然念頭一動，開始慫恿我嫁去有錢人家。她帶了一堆照片給我和我姊。我姊先嫁出去，挑剩的對象就交給我，總之看了一大堆相片。醫院院長的長子啦、大地主的兒子啦，都是一些鄉下最棒的對象。可是因為我只想要當畫家，所以理所當然，我全都拒絕了。

面對南瓜的日子

戰爭結束之後，一九四八年，十九歲的我進入了京都市立美術工藝學校（後來改名為京都市立日吉丘高中[90]）的四年最終課程[91]。我當時很想要離開父母和家裡的生活，為了找理由說服我媽，所以最後選擇京都。我媽也覺得讓我去學校唸書不錯，而且如果想要增進教養的話，去京都最好。因此，他們就把我托給一戶管教嚴格[92]的人家照顧。

雖然我讀的算是日本畫科，可是我待得很不愉快，很難忍受那邊的環境。老師什麼也不教，就只是要我們拼命地把圖畫得很精細，我實在是受不了。後來，我幾乎完全不去學校，自己關在房間裡畫畫，結果校方打電話來說，如果再這樣繼續請假下去，就會被退學，叫我趕快去學校。

而且我也很討厭京都那種替畫家排名，或者是搞師徒關係之類的麻煩事。看到因循苟且的京都畫壇，我真的是覺得毛骨悚然。人際關係到處糾纏不清，連上學都擺脫不掉，真的是讓人覺得快要窒息。心裡常常念著，好想要去遼闊的美國。

長大以後，南瓜在我的作品裡變成一個重要的主題，可是其實這個時候我就已經拼命在畫南瓜了。我小學的時候跑去外公那片遼闊的採種場玩，才開始注意南瓜。在那些採種用的百日草、日日草、旱金蓮的小徑上，四處點綴著南瓜小小的果實和黃色的花。

鑽進更深的地方看，長大了、長大了，有和人頭一樣大的南瓜。我撥開一排一排的百日草把手伸進去摸，把南瓜從莖上拔下來。這時候，南瓜突然活過來開始跟我說話。剛摘下來的南瓜帶著露水，泛著濕潤的光，那種可愛的觸感，真是筆墨難以形容。

我們會用「唐南瓜小子」[93]這個詞來批評長得很醜的男人。或者用「南瓜長眼鼻」形容人又矮又胖。不管怎麼說，感覺南瓜的形象並不是太好。可是南瓜的外型實在是太可愛了，我完全無法抗拒。南瓜這形狀最吸引我的地方是它脂粉未施的大肚子，還有它強大的精神安定感。

我十幾歲，大概十七、八歲的時候，地方上辦了一個縣展，當時我就是畫南瓜去投稿參加。我只是用日本畫的材料，畫大大小小幾個橫列的南瓜，結果獲得好評，得了一個獎。

●●

鄉關舊事——畫家的自覺　1929-1957
故国を去るまで——画家としての目覚め　1929-1957

我在京都待了兩年左右，一直住在山腰一間旅館的二樓。那間旅館是一對帶著兩個小孩的俳人[94]夫妻開的。待在那邊的時候，我試著用最寫實的方法去畫南瓜。我會在紅色的毛毯上，襯一張卵麻紙，把筆放在身邊，然後開始打坐冥想，直到朝霞籠罩京都東山。我和南瓜的精華對坐，忘記世間的一切，聚精會神把注意力集中在一個南瓜上。就像達摩面壁十年那樣，我花一整個月處理一個南瓜，甚而廢寢忘食。

我不顧時間早晚拼命畫，連覆在南瓜表皮上一點一點細細的顆粒都勾畫得一清二楚。旁邊還加上三顆青番茄和兩塊甘藷，番茄開始轉紅的色澤，以及甘藷上的斑點和細毛也都畫得纖毫畢露。我還畫過一顆洋蔥，它是全部蔬菜裡最顯眼的一顆。現在，我手邊依舊保留著我所畫的洋蔥，那是我的畢業作品。我父親把那張洋蔥畫鄭重其事地掛在自己的房間，所以在我前往美國之後，這張畫也沒有弄丟。自從他過世以後，我就把這張畫帶進我的房間裡。

一九五〇年，我的大幅日本畫《貓》入選第一屆長野縣展。隔年一九五一年大幅日本畫《殘夢》入選第二屆創造美術展。緊接著，在一九五二年，我二十三歲的時候，終於召開了我有生以來第一次的個展。為了這次的展覽，每天我都用水彩、膠彩、油彩等等努力創作。也畫了很多和網點無限延伸有關的作品。

三月時，我在松本市第一公民館展出《蛾之死》、《永地》、《植物的殘骸》、《樹精》等等將近兩百七十件作品。雖然這只是我漫長生涯的第一步，可是我確實感受到自己完成了一件事情。

《畫室》[95]雜誌一九五三年一月號刊登了一篇名為〈日展[96]、個展回顧〉的文章。在阿部展也[97]、田中忠雄[98]、德大寺公英[99]三個人的對談中，阿部展也發言提到：

「此外，我在松本市看的展覽當中，有一個年輕女生草間彌生的個展，展出兩百多件作品。我覺得她非常有潛力。她的黑線很有速度感，內在的影像像河流般好像一股腦全部流出來，讓我感到小小的震撼。」

當年十月，我馬不停蹄又在同一個地點辦了第二次個展。展出《自畫像》、《離別》、《海底》等油彩和素描作品，總共大約有兩百八十件。這時，藝評家瀧口修造[100]替我寫了一篇〈小談草間彌生個展〉的文章。

有件大事在我召開個展的時候發生了。信州大學醫學院精神科醫師西丸四方博士，在治療我的時候看了我的畫，說：「這傢伙是天才。」他在全日本精神神經學會發表我的作品，到社會上四處推廣。

這位西丸博士建議我，「待在家裡，妳的問題只會越來越嚴重，盡可能早一點離開妳的母親吧。」這讓我更認真考慮出國這件事。只要留在日本，無論待在哪裡都會被她找到，更別說萬一被她送去精神障礙的特殊學校，那就完蛋了。而且最根本的問題是，就我的審美觀念而言，我和保守封閉的日本其實水火不容。

丟下巴黎去東京

一九五三年，我二十四歲的時候立志前往巴黎，取得了大修米耶學院[101]的入學許可。西丸四方、內村祐之兩位先生推薦我成為文部省的獎學金學生，而我要去歐洲留學的消息，也刊登在兩份地方報社的報紙上。可是因為我突然得到一個機會，可以去東京開個展，所以就放棄巴黎，跑到東京去。

一九五四年二月，我在東京日本橋白木屋百貨舉辦個人第三次、也是東京首次的個展。這次展出了《季節風》、《夜的毛地黃》、《古代儀式》等大約八十件作品。由瀧口修造、式場隆三郎[102]、植村鷹千代[103]、阿部展也四位先生替我寫個展簡介的推薦文。

畫家鶴岡政男[104]在五月的《水彩畫》雜誌[105]上寫了一篇名為〈草間彌生個展〉的文章。除了收錄這篇評論之外，這期雜誌還用了我的作品《芽》當封面：

「草間彌生用各式各樣的材料，鋪展出自己的一個小宇宙，乍看之下，這些材質組合真的是讓人不知道要從何畫起。她非常善於掌握顏料顆粒還有紙的質感，用色也很廣，從混濁的顏色到高純度的原色都有。她混用各式各樣的顏料，包含不透明水彩、水彩、岩彩[106]、琺瑯、墨水、漆、墨汁等等，並以刷子、毛筆、鋼筆、手指等等工具來上色。這次展出的作品並沒有一個統一固定的創作模式，每張圖都是一種點、線或是色彩層次的自由組合，整體呈現出一種包容分歧的協調感。」

當年八月，我又在東京的美松書房畫廊[107]召開個展。展出《城》、《隱者》、《沉在海底的隕石》、《心》等等大約八十件水彩、粉彩以及粉蠟筆作品。十月東京養清堂畫廊[108]舉辦的「日本女流畫家八人展」，我也有三件水彩畫參加。

一九五五年一月，預定參加紐約布魯克林美術館第十八屆「國際水彩畫雙年展」的作品在東京Bridgestone美術館[109]做預展。同月，瀧口修造在東京的竹宮畫廊[110]替我策畫個展，選了《章魚》、《樹神》、《成仙的鄉巴佬》、《背叛之日》、《相逢》、《兆》、《褪去紅色的月亮》、《骨之遁逃》、《岩石的經歷》等四十件作品。

三月，經由作家林芙美子[111]的介紹，我在東京的求龍堂畫廊[112]舉辦個展，展出《未知火》、《樹神》、《珊瑚礁》、《花精》、《樹精》等十五件水彩作品。作家川端康成和藝評家久保貞次郎[113]參觀這個展覽之後，買了我的作品。

岡本謙次郎[114]在五月的《藝術新潮》[115]雜誌上，以〈值得期待的新人草間彌生〉為題寫了一篇現場報導：

「立體派和超現實主義畫家發展出許多具實驗性的創作手法，尤其是盲泥法[116]、浮拓法[117]這些作者隨機操作、完全無法掌控結果的技巧。草間透過各式各樣的排列組合，把這些技巧轉換成自己的工具。她不侷限在抽象的藝術理念上，反而希望能夠刺激自己的直覺，把創作手法和生理反應合而為一。這樣的創作法確實是很女性。然而在好幾年前，草間彌生就已經用日本畫顏料，展現過她高超的寫實描寫技巧。」

我在五月的《藝術新潮》上也發表了一篇文章，標題名為〈新人投書　傻子伊凡〉[118]。其中一段說：

「我在包容一切的造化裡唱歌。它包容了這世間活生生的陰暗面，運行不息。（中略）隱藏本身就是展現一切，桃子上出現蛀孔，正顯示出桃子的生命。我想要用這種方式來揭露神祕。我想要悄悄躲進橫越在神祕和象徵中間的世界，在那裡生活。」

我在同一篇文章裡，對當時日本盛行的社會寫實主義和存在主義提出反對意見，對於追求「神祕與象徵中間的世界」的我來說，這樣做也是理所當然。

這篇文章還有一段寫道：

「托爾斯泰曾經寫過一篇名為〈傻子伊凡〉的故事，我會繼續工作，直到惡魔認輸。為什麼？因為惡魔是藝術的對手，更是藝術的夥伴……。惡魔只會棲身在自由裡面。當一切塵埃落定，他就會馬上消失。」

我現在依舊，不，隨著年歲增長，我更拼命與這既是對手又是夥伴的惡魔對抗。因為我總是自由生活，從來就沒有棲身在明確安定的狀態過。

和歐姬芙通信

五月，紐約布魯克林美術館召開第十八屆「國際水彩畫雙年展」，我提出《馬戲藝人的夢》、《象》、《雄蕊的哀愁》這三幅作品參加。當時美國著名神祕主義畫家肯尼斯・卡拉翰給我很高的評價，把我的作品介紹給西雅圖莒・杜扇努畫廊的負責人杜扇努夫人，因此後來我才得以在她的畫廊舉辦個展。

我大約是從這時候開始和喬治亞・歐姬芙通信，寄了兩封信和一些水彩畫給她，十一月十五日寄的那封信內容大概是這樣：

「我是一個日本女畫家，從十三歲開始畫畫，至今已經持續十三年。對於剛踏上畫家這條漫長艱困道路的我來說，您是非常遙遠的存在。若是您能指點我該怎樣在這條路上生存，給我一些意見的話，將是我的榮幸。」

當時我寄給她十四張水彩作品，包括《東洋的鄉愁》、《海的夕陽花》、《地面上的煩惱星》、《深深的悲傷》、《羊齒王國》、《被遺棄的心》、《麥田和彩虹》等等。

我完全沒有想到，歐姬芙在十二月四日就回信了。

「在美國要靠畫畫維生非常困難。不知道日本的環境怎麼樣呢？我對你們國家的美術相當感興趣，很想去看看，不過對我來說真的是太遠了。收到妳的來信，我非常開心。」

對於歐姬芙來說，我只是一個在遙遠異鄉、沒沒無聞、沒有人認識的年輕外國人，沒想到她竟然用心回信給我。而且讓我更驚訝的是，她還把我寄去的水彩畫拿給畫商看。

一位是當時紐約最棒的畫廊經理人瑪莎・傑克森[119]，不過無法和她簽約辦個展。畢竟當時她是推廣潑畫派的核心人物，所以看到我這種繪畫方向和潑畫派完全不同的作品，馬上就否決了。相對而言，另一位伊狄絲・郝伯特則跟我買了一幅畫。

我後來才知道，歐姬芙把畫送還日本給我的時候，那艘運畫的船沉了。這件事情一直隱藏在黑暗當中，直到後來國際當代藝術中心（CICA）[120]調查之後才真相大白，他們發現這件事情在喬治亞・歐姬芙基金會留有相關紀錄。

說到作品不見，我還可以舉另外一個例子。不過這就不是意外或偶然，而是我自己下手所造成的。這件事情大約發生在我正式決定去美國之後，當時我用柴刀把一百號[121]左右的大型作品割爛，在我家後面河邊燒掉好幾百張。

如果把這些畫留在日本，我怕我媽會拿去送人，我很不喜歡這樣。更何況當時我認為只要去到紐約，我就可以創作出比現在更棒的一堆作品，所以全部燒掉一點都不可惜。當時那些作品如果留到現在，價格一定很高，我大概燒掉了價值好幾億的作品。

一九五六年一月，透過肯尼斯・卡拉翰和華盛頓大學教授喬治・蔦川的幫忙，隔年我在西雅圖的莒・杜扇努畫廊舉辦個展的計畫終於定案。這時候我開始正式準備前往美國。

一九五七年，我從日本出發之前，又再次寫了一封信跟歐姬芙求助：

「我衷心期盼紐約的藝術經理人可以看看我的作品。雖然我知道要勞駕他們看我這種新手的作品幾乎是不可能，可是我還是樂天期盼會有這樣的機會出現。希望您能了解。

「我從好久好久以前，就一直希望自己的畫可以在紐約獲得肯定，把這當成是自己的目標。然而可惜的是，我對紐約美術界可以說是一無所知。若是不跟周遭的人請教，獲得一些友善的建言或幫助的話，我想我永遠都不可能前往紐約吧。

「您聽我開口如此沒輕沒重，想必一定覺得很困擾，不過您真的是我最尊敬的人了。」

這封信寄出之後，歐姬芙又細心地回覆我。這封回信標註的日期是八月十八日，歐姬芙不但相當尊重我這年輕藝術家的想法，還用溫柔的口吻給我忠告：

「雖然光是要前往紐約本身就已經很辛苦，可是這些付出是會有收穫的。去紐約以後，好好把妳的畫抱好，帶給那些不在意名氣、但是可能會對妳感興趣的人看。自己可以思考一下什麼樣的自我推銷方式最適合自己。

「對我來說，妳這麼不計一切想要讓紐約人看自己的作品，真的是很奇特。希望妳能夠成功。」

的確，從某個角度來看我確實就像歐姬芙所說的那樣，幹嘛非得做到這個地步，離開日本去紐約？這樣被人家當成是怪人也沒辦法。可是下這個決定，其實和我為何持續創作這個最根本的問題是息息相關。

靈魂出竅的狀態

我是在雙親失和的狀況下意外懷孕出生的，從小到大，每天都被捲進父母周而復始的爭吵。幻覺幻聽讓我產生強迫性的焦慮和恐懼。接著開始喘氣、心律不整、心悸亢進、產生錯覺……彷彿天天遭遇高血壓與低血壓水火交攻、腦貧血和腦溢血潮來潮往。

就像這樣，這些混沌從心理和神經的病灶湧出，被青春期無可救藥的黑暗和內心傷痛引來——它們正是我長年持續創作的根本動機。

化身作祟的心律不整與心悸亢進

當心律不整　陰森的波動瞬間發作
全身末梢的血液一定會聽見

地獄低低
絮語的聲音
那是怎麼發出來的呢
這聲音　我總是和這聲音
和心律不整抗爭　扭打
一起從懸崖跳下
血液出芽開花　心悸沸騰蒸發
就在頭頂爆炸那一刻
憂慮的衝擊　我的意識　秩序的妄念之海
落下　腳底朝天落下
我淹死了　被血液的幻覺淹死了
心跳蠻橫　心悸炎熱　海啊
你跟我耗上幾千年
從我小時候就想要偷襲我
說啊　你這怪物想幹嘛

生涯的歲月
怎麼會亂成這樣

這盤棋
如果出生前我就算到
這條命沒什麼好活
我會奉上回禮
回子宮　我想衝回去　我恨
未來的折磨漫無邊際
生或死毫無選擇
大人們一定是交歡失敗
我不過是不請自來
什麼悟性　這種了不起的天分
我沒有
出生只是徒增煩惱

父親走了
對於此生浴血的不安　緊跟在後
希望跟他一起前往死國
就算妖怪糾纏朦朧不明烏雲蓋頂
我依舊絲毫不想
順著生命的階梯　攀上巔峰

血液無邊無際　好可怕
進入恍惚狀態之後
究竟需要多少情感還有愛
就算眼前舒緩
遠方　迷惑的汪洋向世界盡頭漫開
該怎樣打水求生我完全不知

我心理和神經的問題根源——「人格解體障礙」[122]，讓我覺得非常痛苦。緆緆的條紋窗簾，鋪天蓋地包圍一切，把我囚禁在裡面，緊接著還把我的靈魂從身體裡逼走。這樣一來，不但攀折院子裡的花毫無感覺，走路也像騰雲駕霧一樣，身體一點實體感也沒有。

在這種靈魂出竅、輕飄飄的狀態之下，連時間的感受都消失了。一秒感覺起來像是好幾十個鐘頭。結果整天什麼都不能做，就只能茫然站在那，或者是縮成一團。

隔離布幕的囚犯

我不想留戀那些遠去的景色
就讓它消逝崩塌下去
掀開條紋的帳幕　憂鬱出門　胸毛
抓一把遍地疙瘩的貧瘠紅土
悄悄擦過受傷的洞
撥開黃昏　回簾幕裡去

冷清的氛圍在空中風湧雲散
我的心在隔離布幕內外徘徊
焦慮是暴力撕裂的肌膚
那病像錦緞的帳幕一樣沉重　像胸毛
陰影　雪白　遁入暗處　鳥的氣球很輕
淚中的綿花一點一點蕭瑟糾纏
濕掉　溜過柔軟的肌膚空隙
拋棄今天　只要站在這層簾幕裡
就可以喚回去年的足跡和感觸
把傷痛扔向天際
吾等長出狂野的羽毛　想要回歸大地
吾等懷抱故土在燈下　想要回歸大地
吾等高舉愛的形象　想要回歸大地
吾等擺脫囚犯的身分　想要回歸大地
不傷胸毛的男人啊　想要回歸大地

諸君落魄的墳墓就在憤怒的高空上
仰望想要追求什麼的時候
試著呼喚一隅虛妄的空間
奈何　奈何　奈何
若是坐在陽台上　明天的距離就會越來越遠
傍晚走在小徑上　樹就會浮在半空中
站立片刻　城市就會倒過來
滾開　崩潰　破壞吧
視線狂亂　意外的遭遇令人疲憊
在神樂坂的坡道上抓緊身體　感覺如此空虛
束縛的魔掌侵襲過來
嘈雜的人聲篩去
揮散四面八方的質感和重量
扭曲藏在死角透視裡的恐懼
地平線的準則　消失

乳白　灰色　漆黑的天青
滿頭大汗　世界震撼
地殼變動　坡面坍方
掩蓋愚昧的都會
大自然的泥土　降在我們的怒髮上
山河注滿　血色秋海棠的熾熱
林野日頭　褪去報春花的濃赤
斜倚河岸　番杏花的枯枝
岩角挫傷膝蓋　鴨跖草在顫抖
回歸故土
薔薇棘刺爛到底
摻淚　把鳳仙花　百日草　翠菊
用杵搗碎　在石頭上火化成灰
我們攪散脆弱的花燼
然後又再從頭來過

脆弱的花燼　從頭再燒過
若是把自我遺落在疏離的簾幕中
日暮　孤身　恐怖
此生有限卻是無盡苦海
如同塵埃飄搖
啊　吾等耗損世間大半輩子
身軀　血脈　褪色的髮絲
都枯萎成灰色
那灰比花粉更纖柔
裹在乳白的簾幕中
現在　森羅萬象的事物在逃亡
一呼百應引發巨大的引力
強烈呼喚我
陰間若牽起無聲的線
消失的軀體肢幹將在風中飄搖

剖開天空的穹窿　就這麼簡單
毫無理由　一切紛然消散
天空明天依舊那麼藍　那麼柔軟
即使吾等消亡回歸於無
在好幾億光年後
依稀還在

這種學名稱為「人格解體障礙」的症狀是一種知覺障礙。當現實世界讓人感到太過痛苦，為了消除這樣的現實感受，人類與生俱來的自我防衛機制就會引發這種症狀。總之，一旦發作起來，這種痛苦比現實的痛苦更可怕。當自我、世界、和時間消失，所有的存在都化為烏有的時候，現實環境反而會變得更加惡劣。在這種狀態下，自己只能感受到自己在受苦而已。

對於天天和苦悶、不安、恐懼對抗的我來說，只有持續創作才可以讓我從那種症狀裡面康復過來。我一圈圈收著藝術這條線，盡可能努力摸索自己的生存方式。若是沒有這個窗口，我一定會在更久更久之前，就受不了周遭的環境跑去自殺。現在回想起來，以前跑去站在鐵路旁邊等著中央線的火車過來，想要自殺的這種事我做過好幾次。正是因為剛起步摸索的藝術給我指引方向，我才得救。

要往這條創作之路前進，開創出更寬廣的成果，待在日本絕對沒有希望。這個地方有父母、有老家、有土地、有阻礙、有陳規、有偏見。我的藝術是在思考存活和死去到底是怎麼一回事的情境下，持續創作出來的，內容都是在對抗「人到底是什麼」這種攸關生死的主題。對於我這些創作來說，這個國家實在是太小、太庸俗、太封建，對女性也太輕蔑了。我的創作需要更沒有束縛的自由和更沒有邊境的寬闊世界。

哀愁至此[123]

心緒低迷如斯
若不得信濃路白日紅葉
聊以忘憂
吾心惻惻不知所終
試想　此事緣於誕生入世
前世我乃何等妖異
朝日　灰心　圖謀自縊懸梁
向晚　轉念投身車轍之下
闇夜天陰　見浮橋於鐵路之野
輾轉徘徊　率信步其上
無戀　無意　無願
僅赴死之念猶猶未決
蓋尋無葬身之地

嗚呼　何其勞苦
宛若叫化　屈身道旁嘔吐
霜髮蓬頭　腰身佝僂
即為衰老之氣所逼　亦冷眼旁觀
亡則亡　滅則滅
吾等尚欲理行囊　上宇宙

就這樣，在我一九五七年十一月十八日前往美國前夕，松本市長替我舉辦了一個盛大的歡送會，度過了一段手忙腳亂的時光。緊接著出發當天，松本車站也聚集了大批送行人潮，然而我的心已經遠遠飛向美國。

89 養婿：原文「婿養子」，是日本婚姻制度之一。女方家族希望有男性繼承家業，在男方入贅與女方結親同時，成為妻子雙親的養子。

90 京都市立日吉丘高中：草間彌生就讀的美術工藝科，於一九八〇年從京都市立日吉丘高中獨立，遷到京都市立銅駝尋常小學的舊地，更名為京都市立銅駝美術工藝高等學校。

91 四年最終課程：在日本舊制教育體制下，專門學校是高等教育的一環，有許多專門學校是現在大學的前身。草間彌生可能是直接就讀四年制的四年級。

92 管教嚴格：原文「小笠原流」，是武家禮儀的一個門派，由小笠原長秀制定於室町時代，後來成為武家的正式禮儀規範。明治以後，學校教育也有採納這套規範，尤其是廣泛運用在女子教育上。也被用來當成是繁文縟節的俗稱。

93 唐南瓜小子：原文「唐南瓜野郎」，然而現代日語中好像只有「カボチャ野郎」和「唐茄子」的說法，不知是否為草間小姐筆誤。這個詞和後面南瓜長眼鼻都是日本俗語。日文中的「唐」意指海外或中國傳來的事物，意義如同中文番石榴的「番」、或胡琴的「胡」。唐茄子（南瓜）是從國外傳進日本的，所以會掛上「唐」字。

94 俳人：指稱創作俳句的人。

95 《畫室》：《アトリエ》。一九二四年二月，北原義雄基於山本鼎的企畫創立了畫室社（アトリエ社），並創辦了同名雜誌，每月發行。二戰時期曾改名為《生活美術》，後來經歷停刊、公司改名等等變故，發行到一九九七年十一月休刊，總計發行了八二九期。

96 日展：日本美術展覽會與該會舉辦展覽的簡稱，創立於一九〇七年，是日本的官方美展。每年秋天會在國立新美術館舉辦徵件展，分為日本畫、西畫、雕刻、工藝和書籍五個領域。

97 阿部展也：一九一三—一九七一，本名阿部芳文。阿部自學繪畫，十九歲入選獨立美術協會展。一九三七年他與瀧口修造合作，發行超現實主義詩畫集《妖精的距離》，正式跨入繪畫生涯，開始積極參與各種前衛藝術活動。一九五八年，阿部以東歐為主開始在歐洲旅行，畫風漸趨抽象，之後定居於羅馬。他積極參與聖保羅雙年展、卡內基國際美術展等國際展覽，並曾任國際造型聯盟執行委員、盧布爾雅那（Ljubljana）國際版畫雙年展國際委員。

98 田中忠雄：一九〇三—一九九五，西畫家。田中年輕時留學法國學習繪畫，並創立行動美術協會。晚年任教於武藏野美術大學，曾任日本美術家聯盟理事長。

99 德大寺公英：一九一九—，藝評家、鑑定家。前日本公爵世家德大寺家現任當家。研究範圍從日本早期西畫家安井曾太郎一直到超現實主義和抽象藝術。他是《每日新聞》、

《讀賣新聞》的專屬藝評家，任教於學習院大學，並協助Bridgestone美術館相關策展諮詢工作。著有《立體派》、《現代雕刻》等書。曾任巴西雙年展審查委員、日本海外藝術交流協會理事長。

100 瀧口修造：一九〇三—一九七九，日本藝評家、詩人，近代日本最具影響力的藝術推手之一。瀧口就讀慶應大學英文科時，深受西脇順三郎引入的當代歐陸創作思潮影響。一九二六年，瀧口加入同人誌《山繭》，開始發表〈地球創造說〉等詩作，刊物創作群包括後來成為日本思想大師的小林秀雄等人。一九二八年，瀧口參與創辦超現實主義雜誌《衣裳的太陽》，並為前衛雜誌《詩與詩論》撰稿。一九三〇年，翻譯了布赫東的《超現實主義與繪畫》(*Le Surréalisme et la peinture*)，這是日本第一本超現實主義的正式著作，瀧口藉此建立自己在藝壇的聲名，並與布赫東等歐陸藝壇人士開始通信。二戰之前，日本文藝發展和西方相當同步，資訊和歐美只有一個月左右的時差。瀧口透過這些交流在東京策畫「海外超現實作品展」。一九四一年，瀧口因推廣危險前衛思想，違反治安維持法的嫌疑遭日本特高逮捕，拘禁近八個月。戰後，瀧口參加日本前衛藝術家俱樂部，並繼續與米羅、塔比埃斯(Antoni Tàpies)、杜象(Marcel Duchamp)等人接觸，站在國際藝壇最前端。五〇年代，瀧口開始推展「竹宮畫廊」(參見後註)並為日本重要前衛創作團體「實驗工房」(実験工房)命名並擔任顧問。實驗工房是齊集美術、音樂、表演藝術等跨媒體的創作團體，率先進行梅湘(Olivier Messiaen)和荀白克(Arnold Schönberg)的日本首演，並舉辦美術展、創作前衛芭蕾舞劇與具象音樂(concrete music)作品等等。當代作曲大師武滿徹、湯淺讓二等最初都是在此團體發表作品。此外，瀧口也參與策畫讀賣獨立創作展(読売アンデパンダン展)，藉巨型媒體《讀賣新聞》之力推動完全無審查規範的美術展。這些企畫提供當時許多新進藝術家自由表現的空間，瀧口因此獲得年輕文藝創作者們絕大的信賴。晚年，開始召開個人畫展、出版詩集《詩的實驗1927-1939》、與米羅合作出版詩畫集《手工格言》(手づくり諺)，並擔任威尼斯雙年展的日本代表。過世後，多摩美術大學特地成立瀧口修造文庫，收藏他遺留的眾多寶貴史料與文獻。

101 大修米耶學院：Académie de la Grande Chaumière。一九〇二年，瑞士人瑪莎・史帖特勒(Martha Stettler)在法國巴黎創立了這間藝術學校，藉此對抗法國藝術學院(Ecole-des-Beaux-Arts)照本宣科的傳統教育方式，推展獨立藝術。一九五七年學校改名為Académie Charpentier。許多知名藝術家都曾在此修習，譬如考爾德(Alexander Calder)、賈寇梅第(Alberto Giacometti)、野口勇、熊秉明等。

102 式場隆三郎：一八九八—一九六五，日本精神病學家。相當愛好文藝，與白樺派作家、柳宗悅民藝運動群、英國藝術家柏納・里奇(Bernard Howell Leach)等往來熱切。他對文藝創造活動與人類精神問題的關連相當感興趣，有許多相關著作。他相當欣賞流浪畫家山下清，在實質和心理上都給予支持，將他推廣給一般大眾，對於特殊教育造成相當大的影響。

103 植村鷹千代：一九一一—一九九八，日本藝評家。過去擔任日本大學講師，在前衛藝術評論的領域相當活躍。曾參與創立日本前衛藝術家俱樂部，著有《現代美的構想》等。

104 鶴岡政男：一九〇七—一九七九，日本畫家。曾參與NO-VA美術協會、自由美術家協會。戰前作品多半因為東京大空襲付之一炬，作品以虛無諷刺又超現實的風格聞名。

105 《水彩畫》：《みずゑ》。創立於一九〇五年的日本美術雜誌，由春鳥會發行。起初是水彩畫家大下藤次郎基於推廣水彩而創辦。藤次郎死後，由他兒子大下正男繼承，出版活動也擴張到美術、建築、攝影和設計領域，並與安井曾太郎、梅原龍三郎等藝術專家進行交流，就此打下深厚的美術專業基礎。大下正男隨後成立美術出版社，陸續創辦《美術手帖》等多本雜誌，進一步培養創作者和欣賞者。然而因為時代轉變的關係，《水彩畫》最後在一九九二年停刊。現今偶而會以《美術手帖》別冊的方式發行。

106 岩彩：岩絵具。傳統日本畫的主要粉末顏料，由辰砂、孔雀石之類的礦物磨碎製作而成。這些粉末無法直接附著在畫紙上，必須搭配膠來固定，不同的粉末顆粒大小可以調出不同的色澤，這樣完成的圖畫就是一般所謂的膠彩畫。

107 美松書房畫廊：一九五〇—六〇年代設於港區新橋的展場，除了草間彌生之外，還曾經展出過日本當代攝影大師細江英公（一九五四）、畫家鳥海青兒（一九五四）、動漫作家久里洋二（一九五五）、藝術家Onosato Toshinobu（一九五五）、前衛詩人攝影家山本悍右（一九五八）等人的作品。

108 養清堂畫廊：創立於一九五三年，專門行銷展示現當代作品的畫廊。

109 Bridgestone Museam of Art：位於東京都中央區京橋，以收集西洋美術和日本現代美術為主的私立美術館。藏品包含庫爾貝、畢卡索、塞尚、雷諾瓦、克利等等名家。

110 竹宮畫廊：タケミヤ画廊。五〇年代，瀧口修造在神田駿河台一家美術用品店一角開設了這間傳說中的畫廊，企畫了兩百餘場展覽。開幕展出阿部展也的個展，後來陸陸續續舉辦過北代省三、難波田龍起、山口勝弘、河原溫、草間彌生、前田常作、池田龍雄、八木一夫等個展，可以說是眾星雲集。

111 林芙美子：一九〇三—一九五一，日本的小說家、詩人。出身於下關（也有門司一說）。從小在貧困的環境下長大，作品經常用充滿溫情的眼光描寫平民百姓。林從學生時代開始就在地方上的報紙發表詩和短歌。女校畢業後，她投靠情人前往東京，陸續從事女工、看鞋員、服務生等工作自力更生，幾經生活與戀愛的波折，同時開始積極投稿。一九三〇年，她的《流浪記》（放浪記）、《續流浪記》（続放浪記）在大蕭條的恐慌市況中暢銷不墜，成為流行作家。

林也開始藉由版稅獨自前往中國、歐洲等地旅行。二戰時期，林擔任戰地記者前往中國南京、武漢、印尼爪哇、法屬印度支那（今越南）、新加坡、印尼婆羅洲等地採訪，相當具有行動力。戰後她繼續從事新聞工作，並撰寫自己的創作，留下許多代表作。

112 求龍堂畫廊：曾辦過鳥海青兒、歐狄翁・雷東（Odilon Redon）等人的展覽。後來轉為中林畫廊，名字取自畫家中村鐵的「中」和林綠敏的「林」（小說家林芙美子的先生，原名手塚綠敏）。

113 久保貞次郎：一九〇九—一九九六，藝評家、藏家、世界語主義者。留學歐美之後，回國創設創造美育協會，推行中小學生的創造主義美術教育運動，認為兒童繪畫具備獨立存在的價值。曾聲援瑛九、靉嘔、細江英公等藝術家組成的前衛版畫組織——民主藝術協會（デモクラート），並推行「小收藏家運動」（小コレクター運動），鼓勵每個人收藏三件藝術原作，實質支持現存的藝術家。

114 岡本謙次郎：一九一九—二〇〇三，藝評家、策展人。東京大學英文系畢業，曾任日本藝術評論家聯盟會長。著有《英國繪畫》、《布雷克》、《盧奧》、《運慶論》等數十本。

115 《藝術新潮》：創刊於一九五〇年，由新潮社出版的藝術月刊。著重於介紹日本之外的藝壇動向和評論。

116 盲泥法：décalcomanie，原本指把平面圖案轉印到立體器具或其他物件上的一種技法。超現實主義藝術家多明格茲（Oscar Domínguez）把這個字用來描述他所進行的一種新的創作形式，他在紙或玻璃上面塗一層薄薄的不透明水彩，然後壓到另一個平面上（譬如畫布），創造出隨機即興的圖案。因為創作成果完全無法預測，藉由這種方式，創作者有機會可以表達出自己內在的潛意識。對於觀眾而言，透過每個人對圖案的不同解讀，也有可能呈現出觀眾的潛意識。

117 浮拓法：frottage，超現實主義使用的即興（automatic）創作技巧之一，由馬克思・恩斯特發明。把紙放在凹凸不平的平面上，再用鉛筆等畫具在上面摩擦，就可以拓印到底下的形狀。和傳統拓印最大的不同在於，浮拓法是隨機在各種自然平面上進行拓印，得到的成品可以再做進一步的藝術加工。

118 傻子伊凡：Ivan the Fool，這個典故出自一個描述傻人有傻福的俄國民間故事，惡魔利用人的各種欲望煽動三兄弟運用各種智慧機巧互相詐取、互相殘殺，然而傻子伊凡只相信親手耕作，不旦娶到公主，更創造安定的國家，使惡魔銷聲匿跡。俄國文豪托爾斯泰曾經把這個故事寫成短篇小說，因而廣為流傳。

119 瑪莎・傑克森：Martha Jackson，一九〇七—一九六九，美國二戰戰後最具代表性的藝術經理人之一。年輕時，傑克森曾跟隨漢斯・霍夫曼（Hans Hofmann）學習。一九五三年，瑪莎在紐約開設她的當代畫廊，當年很少人願意購買當代藝術作品，可是瑪莎卻積極將當代畫家推廣給社會大眾。她也積極讓當年缺乏舞台的女性藝術創作者曝光，譬如赫普沃思（Barbara Hepworth）、哈提根（Grace Hartigan）還有露易絲・涅薇森。並為許多重要藝術家舉辦首次的個展，包含吉姆・戴恩、山姆・法蘭西斯、戈特里布（Adolph Gottlieb）、塔比埃斯（Antoni Tàpies）等等。她也是漢斯・霍夫曼、杜・庫寧、歐登伯格和湯普森（Bob Thompson）的經理人。

120 國際當代美術中心：Center for International Contemporary Arts，一九八六—一九九三。成立於紐約，最初目的是想要提供給藝術家、學界和社會大眾一個當代藝術的資訊平台，內容涵蓋電子資料庫、展示和出版。

121 一百號：畫布的尺寸，約162×130公分。

122 人格解體障礙：Depersonalization Neurosis，是一種精神官能症。別名解離症、人格瓦解（Disintegration）等。最常發生於遭受意外、攻擊、嚴重軀體疾病和外傷時，也可以是其他精神疾病和癲癇的伴發症狀。這種症狀通常是暫時性發作，然而有時症狀也會變為慢性，持續發作許多年。因為病人難以描述自己的症狀，有時候會對自己是否變精神失常感到恐懼。患者會對自己或者是環境產生失真、疏離、失控的感覺。本病對有些病人影響較小，但對有些病人影響巨大，發作時患者的知覺和情感表達能力依舊正常，可是會集中更高的注意力來面對自己，對自己的身體和生活產生扭曲的感受。感覺自己扭曲變形、周遭的世界不太真實、彷彿活在夢中；又或者對一切感到陌生、遲鈍、麻木、認不出人、失去自制能力、恐懼發瘋等。

123 哀愁至此：かくなる憂い，草間彌生曾出過同名詩集。

愛與和平，女王登基——

前衛演出的幕後主腦　1967-1974

反戦と平和の女王となって——前衛パフォーマンスの仕掛け人　1967-1974

身處嬉皮風潮中

東渡美國十年。這段期間我由畫家大幅蛻變，成為環境雕刻家，獲得各式各樣的成功。在美國前衛畫壇，不，在全世界的前衛畫壇當中，草間彌生已經成為一個名揚四海的名字，只有日本對我冷淡依舊。

這時候我又出現更大的轉變和發展，不僅止於美術這種體裁，還透過更多元化的活動來進行自我表現。這些表現活動的起點就是「乍現」[124]。我從一九六五年就已經開始試著擷取表演藝術的形式來發表作品，然而一直要到一九六七年才開始大量策畫乍現演出。

當時紐約格林威治村開始出現嬉皮，而他們掀起的「嬉皮風潮」也震驚全國。他們的時尚、思想和行為都超級前衛，彷彿在預言一種必將降臨的未來景象。眾所周知，嬉皮是一個響應共同主張的年輕人所組成的族群，他們意圖反抗以電腦為象徵的美國機械文明，想要找回因為疏離而異化的人性。

這些人一開始只是一個非常小眾的小圈子，直到一九六七年才演變成如此醒目的巨大集團。他們主張回歸自然，起初呈現在服裝儀態的層面上，緊接著，在性的層次上更為突出。

女生們都喝啤酒，並且主張要從懷孕這種煩人的禁忌解放，回歸原始濫交的人性需求。不僅如此，這群人還氾濫從事男男愛、女女愛、虐待狂、被虐狂等等各式各樣異常的性行為。

這些興旺的嬉皮、男同、女同和亂交派對，跟我的乍現作品也有關係。我那些大膽的乍現演出獲得嬉皮們壓倒性的支持。那是因為他們回歸人性、帶給世間衝擊的主張，和我藝術創作所強調的主題有共通之處。

越戰、政治、偌大美國內部所蘊藏的多種族國家悲劇……各式各樣的因素交相影響，使得美國國內回歸人性的呼聲日益風行。嬉皮所創作的藝術、飾品等等，成為美國年輕人的時尚主流，在政治方面，反戰、迴避徵兵、支持麥卡錫[125]等等，他們進行的民眾運動幾乎動搖了整個美國社會。

●●●

一九六七年一月，我在美國知名的宗教殿堂——紐約第五大道的聖派崔克教堂（Saint Patrick's Cathedral）前進行了一場名為「人體彩繪祭典」的乍現。

表演者全是年輕的男女嬉皮。他們在眾多圍觀的群眾面前全裸，燃燒六十面星條旗，然後我在冉冉升空的煙霧中，把聖經和徵兵卡丟進火焰中。

這些全部結束之後，他們就以全裸的姿態相互擁抱、接吻，還有人就這樣開始親熱起來。當天恰好是星期天，教堂裡正進行著莊嚴的彌撒，圍觀我們乍現行動的群眾最初是發出媚笑、尖叫、還有怒號之類的聲音，結果最後開始大聲嚷嚷：「你們是在褻瀆神明嗎？」、「什麼爛東西，真是看不下去！」不過所有的觀眾都好像被釘在現場一樣，一動也不動。

美聯社、合眾國際社、紐約時報等等媒體記者把我團團包圍。然而就在這時候，有四十位左右的警察趕到現場，一下就把我們這難得的乍現演出破壞殆盡。

然而我的名聲卻因此遍佈全美。沒多久，駐紐約的某位西德電視台相關人員看到「草間・乍現」的新聞標題打電話給我，說想要把這個活動介紹到德國。

我答應他的邀請，並且開始思考前所未見的新作。我以前年製作的《永恆的愛》這環境雕塑為核心，策畫這個新的乍現表演。

巨大房間的四面都裝設鏡子，然後五彩燈光在天花板上明滅。在這樣的光線下，我安排了一個動態雕塑[126]，也就是讓一些人進行雜交。雜交者則單由男同志來扮演。

我的工作室裡面聚集了四十幾位記者。燈光亮起，德國的電視工作人員開始迴轉攝影機拍攝。所有的人都屏息看著同性戀進行雜交。生猛的肉體在燈光下相互糾纏，對於被既定道德束縛的觀眾來說，這個畫面一定會讓他們產生怪異的印象，不過他們確實一下子就被這種異常的氣氛吸引住。

觀看的事物和表演的事物合而為一，工作室裡彌漫著言語無法形容的迷幻氛圍。雖然現場也有好幾位女性記者在場，不過她們每一位都很興奮，呼吸急促，眼神露出異樣的光，目不轉睛盯著那些糾纏的男人看。

觀賞的男人當中也有人發出露骨的呻吟。仔細一瞧，他已經脫下褲子的拉鍊開始自慰。

舞台上的人們既用皮帶互相鞭打，也和狗進行獸姦，終於進行到性愛乍現的高潮。最後大家在反覆進行激烈雜交的同時，互相在彼此的裸體上開始畫起圓點圖案。

這個圓點圖案可以說是「草間・乍現」（Kusama Happening）的商標。紅或綠或黃的點點是圓圓的地球也好，圓圓的太陽也好，圓圓的月亮也好，什麼都好。我認為藉由在人體上畫點點圖案這個動作，那個人就可以消融自我，回歸宇宙的自然狀態。

就這樣，「草間・乍現」的名聲越來越響亮，愛好者絡繹不絕。我決定下次什麼時候要再辦，媒體也會瘋狂報導。總之觀眾都非常熱烈聲援我的活動。我認為這是因為時代有這樣的需求，我只不過是走在時代的尖端。

紐約的性環境

蘊釀出這些活動的土壤——美國紐約的性環境，在當時又是怎樣的情況呢？當時紐約東村的聖馬可街區（St. Mark's Place）附近是地下次文化的發源地，也是垮派[127]和嬉皮的大本營。

為了和嬉皮發生關係，有錢的好色紳士也被吸引過來。有很多皮條客會替這些傢伙跟十六、七歲的嬉皮少女談條件。此外，若是白人女性想要找黑人發生關係，也可以去那邊。「只要是黑人猛男，性技保證一流」這種說法在那些女人之間廣為流傳。原本美國社會就已經對黑人有許多差別待遇，在性方面，更是有一股死忠的「黑奴」風潮。

另一方面，雜交派對也辦得相當盛大。第五大道附近的紐約皇宮酒店（The New York Palace Hotel）好像每天晚上都有這類的派對，在各式各樣不同的地方，有時候還可以見到知名的好萊塢男星或女星露面。

然而這種頹廢和享樂同時也扮演了傳染危險性病的角色。這些男女有百分之九十都曾經感染過一次性病，更何況他們一個晚上會和兩到五個對象發生關係，傳染力相當驚人。

除此之外，對於這些人來說，服用ＬＳＤ也相當普遍。我朋友里奇只要遇到鄉下來的嬉皮少年少女，就會跟他們搭訕問說：「要不要買最新的ＬＳＤ啊？」用五塊美金跟他們推銷。雖然實際上他賣的只是普通的阿斯匹靈，可是他卻毫不在意。即使有人在雜交的時候沒有出現幻覺，而質問他說：「你推銷的時候說藥效很強，可是一點感覺都沒有。」他也會表現出一副沒事的樣子，跟對方道歉說：「真的嗎，可能和你的體質不合吧。」

我另一位朋友道格和七個男生住在一起，他們全部都是同志。住的公寓算是中下等級，大家共同分攤一百八十美元的房租和伙食費。這群人全部都是我的表演班底，每天晚上他們都會互相輪流親熱。

「我今天晚上要跟羅伯睡！」

「那我和道格好了。」

就像這樣彼此共用，友愛無比。

有時候也會有其他的同志演員或者是企業家跑來這間公寓，目的當然是想要進行男同雜交。他們周遭則包圍了一群拉子。

男同性戀和女同性戀在那裡彼此共存。這些男人絕對不會和女生發生關係，女生也不會對男生有什麼欲求。她們用一種無性的方式和男人玩鬧，我想她們一定是因為害怕懷孕，所以才會這樣。

「怎樣?今天晚上要不要一起來?」

「好哇，把場子搞得更熱一點。」

說到最後，那天晚上一夥男男和一團女女，就在明亮的燈光下彼此激烈糾纏，展開一場奇妙的性愛祭典。

「你感覺怎樣？……」

「好舒服……太棒了……」

伴隨著呼吸和喘息，可以聽見拉子們熱騰騰的細語。男男的狂歡派對通常都在週末舉行。十幾個男人全部脫個精光，在黑人歌手高歌的背景音樂中進行雜交。

所有在我身旁的男性幾乎都喜歡男生。男同助手、男同經紀人、男同攝影師……一大堆男同志。還有，我以男同作表演的那些乍現，最後聚集來的記者也幾乎全部都是男同志。

我擁有一個名為「草間舞蹈團」(Kusama Dancing Team)的裸體舞團，每一個團員都是十六到二十歲的美少年，全部都是同志。我整理了一個房間，把這群少年們安置在紐約下城東村的工作室裡。

有時候，他們會帶幾位少年進房間，進行性愛入門教學。他們會用溫柔的口吻說：「來，脫下衣服躺好囉……」然後激烈撫弄、親吻這些稚氣未脫的小男生的可愛弟弟。他們就像這樣讓這些小男生興奮，慢慢進行他們的儀式。有好幾次，我都聽到那些小男生發出尖銳的哀嚎。那是一種喜悅的呼聲。

被「培養」的少年往往會這樣繼續和年長的對象同居，這種例子很多。從旁邊看，老實說感覺很奇妙，可是這些男同的行徑其實遍佈全美。紐約哥倫比亞大學裡面還以社團活動名義成立同志社，校方也對這種現象視而不見。

難道美國只有同性戀嗎？當然不是這樣。更豪華的、妖氣逼人的男女交歡派對也發展得相當蓬勃。

曼哈頓第五大道可以說是紐約的心臟地帶。世界知名的廣場飯店（Plaza Hotel）、上流階級喜愛的皮耶飯店（The Pierre）等豪華旅館，還有這些飯店周邊的高級公寓都是雜交派對的大本營。

雖然紐約的上流階級住的是公寓，可是這種公寓的規格和日本的社區大樓完全不一樣。到處都是一戶有十五個房間的豪華公寓，室內用炫麗的阿拉伯風格裝潢，讓人讚嘆王公貴族住的地方也不過如此。

好萊塢的知名男女藝人有很多人都在這個地區買房子，曾經去過日本的某位女星S也住在這。聽說她在性方面非常狂野，這種說法甚囂塵上。有時候她會偷偷跑去參加K老闆的狂歡派對，那位老闆是一個白手起家、身價百萬的製造商。

S的目標是在百老匯夜總會裡吹薩克斯風的黑人樂手。她和那位音樂家可以說是超乎道德規範玩得天翻地覆。我親眼看過好幾次，S用一種虐待的方式把對方制伏，一邊扭動自己雪白的身軀，發出歡樂的呻吟。除此之外，當場我也看到好幾位知名的男藝人沉溺在同性戀的世界當中，和黑人男性親熱，大聲喘氣。

在這種派對場合談道德理性實在是太過陳腐。因為現場呈現出來的是一種人類更根本的原始欲求。

有一次，某國四十八名貴族組成的旅行團來到美國，參加了紐約麥迪遜街知名的帕克—伯尼特畫廊[128]拍賣會。當時我在場，拍賣紀念派對進行的時候，有位貴族跑來跟我悄悄說：「聽說紐約有人體彩繪派對，我很想要參加，不知道妳可不可以安排我去？」雖然這些夫人表面上看來很有教養，溫柔賢淑，可是內心對這種事情卻相當興致盎然。當晚她們所呈現出來的那種陶醉姿態，真的是難以形容。

辦雜交派對的當然不僅是這些上流階級。黑人區舉辦的派對簡直可以用經典

●●●

來形容。泛著黑光的肌膚，在瀰漫異臭的空間裡交纏，見識到那種動物式的性技巧，連我這種天不怕地不怕的人，都不知不覺倒抽一口氣。

紐約某間報社的社會記者P告訴我說，他經常在游泳池畔安排頂級美女，介紹給上流階級的紳士們。因為職業的關係，P周圍聚集了很多有名、無名的模特兒和女演員。這些女生為了揚名立萬，什麼事情都幹得出來。

P會跑去找知名企業家或者是有錢的旅客，把這些女生推銷出去。P跟我誇下海口說，他隨時都可以找來三十個女生，其中還有人是電視明星。

基於裸體再創作

真要舉例的話，前面敘述的這類例子可以說是數都數不清。紐約有各式各樣的性服務機構，男男、女女、雜交、高檔、大眾……應有盡有，而掌控這些性娛樂的人都是嬉皮。正因為有這樣的環境做基礎，我的「草間・乍現」才會受到那麼熱烈的歡迎，連我自己都彷彿集嬉皮的信仰於一身。

美國的新聞媒體以紐約為核心，用「猛烈」、「神祕」、「全能創作者」等等各式各樣的形容詞來形容「草間・乍現」的活動。他們任意揣測我個人的生活，針對「草間・人體彩繪乍現」寫了一堆報導。

這些報導或者是草間觀察，有些屬實，有些則是誤解和想像，這些東西全部混合起來，最後把「草間彌生」塑造成一個極度難以理解的角色。雖然我覺得自己有些部分，的確是連我自己也搞不清楚，但是也還不至於到神祕的地步。沒錯，我的乍現每次都違反了十到十五條左右的美國法律。可是這些法律都是一些刻板概念，我的藝術原本就和這些觀念毫無瓜葛。

在大眾面前做愛、燃燒國旗這種事情，要說嚴重是很嚴重。可是這種思考方式本身就是一種刻板印象。雖然我去的地方警察一定會跟去，但是我還是和往常一樣保持平靜。我有五、六位法律顧問，這也是因為我考慮在法律和藝術之間做妥協的關係。

我身旁總是跟著一大群嬉皮替我當保鑣。我的工作室一天到晚都在接抗議和恐嚇電話，為了以防萬一，這群嬉皮親衛隊會保護我免於遭受暴力攻擊。

或許是因為這個原因，有些新聞媒體因此把我視為「嬉皮女王」，有很多人相信我會和任何一個人隨便上床。可是就我個人而言，我自己對於大麻、女女戀、或者是性行為本身都完全沒興趣。我是有意識的在和我圈子裡的人劃清界線。他們會叫我「Sister」，這是修女的意思，非女亦非男，也就是無性。我是一個無性的人。

我從童年到青春期的成長環境和經驗，可能是我厭惡性愛的根源。我討厭男性性徵，也討厭女性性徵，這兩者對我來說，都是我恐懼的對象。因此我拼命做、拼命做，拼命做那些討厭的、不喜歡的、可怕的形體，然後超越它們，這就是我的藝術表現。運用這種方式創造一個嶄新的自我，就是我所謂的「心因藝術」。

因此「草間・乍現」裡面男男女女浩浩蕩蕩脫光，然後我用顏料在他們的身上畫畫。我只是扮演裡面的角色，創作這樣的作品，可是我絕對不會涉入其中。這就是我的表現方式。

這時「草間舞蹈團」的成員包含了十五位幹部，以及經常聚集在這裡的兩百位嬉皮演員。只要我需要進行乍現演出，這群人隨時都可以立即報到。這群人當中也有那種用有色眼光看我，洗到我的內衣就很開心的人，還會問我說：「Sister，為什麼妳不和我睡呢？」可是不論是誰，我都絕對不和他們發生性關係。

此外，只要我稍微對特定的某人親切一點，他們馬上就會發展到動用私刑的地步。

「這傢伙拼命諂媚，就是為了要讓Sister誇獎他！」

「他想要獨占！」

這往往會鬧到很嚴重，他們會喘著大氣，把人渾身脫個精光，然後用皮鞭打，用腳踹。我自己偶而也會懲罰那些對我有所企圖的男人。當皮鞭清脆打在他們蒼白的肌膚上、顯露一條條紅色瘀痕的時候，我會感到一股無法用言語形容的快感。這些人當中也有愛好此道、希望我能夠處罰他的傢伙。

因為當時狀況是這樣，所以只要有客人拜訪我的工作室，那群愛好男男戀的少年們，就會聚精會神留意客人的一舉一動，看客人有沒有對我動手動腳。

我就這樣透過這些少年和女人們，陸陸續續推出各種演出。在裸體上畫圓點圖案的「自我消融」和運用人體彩繪的「身體慶典」(Body Festival)，不僅在紐約，還在全美引發熱烈迴響，使我成為話題人物。平常就算是百老匯女演員，也很難登上《每日新聞》[129]的封面，可是我一年就上了兩次，這就是證明。

雖然我的乍現經常是基於裸體在創作，可是這些作品的原點或許是我的童年。當時我愛爬樹，像個野丫頭，可是待在家裡的時候，我又是個一直畫畫的少女。

那時候，只要一到暑假，我就會去親戚家住。晚上的時候，我就會和親戚的阿姨啦、表兄弟姊妹啦，聚集在房間角落一起跳裸舞。不用說，我當然是全裸下去跳。

沒頭沒尾挑選自己寫的詩的片段，我兩手揮舞著黃色的扇子瘋狂亂跳。大家起鬨稱讚我，熱烈叫好。然而只要持續到半夜，大家就會開始打瞌睡或者是靠著就睡著了。只要看到他們這樣，我就會一直搖他們說：「我還有一個表演，再看一下嘛。」一直鬧他們。

我的裸舞在鄰居的男生之間突然變得相當熱門，有人殺過來說：「讓我看，讓我看，讓我看裸體！」我請表親當我的經紀人收取「參觀費」，然後在庭院的草蓆上搭配自編自唱的歌曲，即興跳舞。那些男孩子都很開心地聚集過來，帶著一種祥和的表情看我的裸體。當時我真的切身感受到，男人這種生物對於女性的身體到底有多嚮往。

其實，這個經驗也和另一個痛苦的回憶連結在一起。我媽知道這件事情以後，一路把我打到要死不活。要說童年對母親的回憶，都是一些從早到晚被打被罵的事。我媽當著僕人和幫傭阿姨的面，若無其事撂了這句話：「生四個小孩，就有一個可能是垃圾。」

母親終年都在和父親起爭執，每次都是因為我父親身為養婿，卻老是跑去找藝妓，也因為我父親無時無刻都在陪他的情人。我父親甚至還替藝妓贖身，捨棄信州的家人跑去東京。後來他得肺病，從東京回來讓我母親照顧他十年，病好之後又瘋狂迷上情人，狀況比以前更嚴重。

我家男人一天到晚都在玩女人，祖父和父親，父子兩代一個德行，好像在比賽誰比較高明。男人肆無忌憚成為自由性愛的實踐者，女人就只能在男人背後一直忍受。對於孩子的內心來說，見到這樣的景象，可以說是既反感又憤慨，覺得「真的可以這麼不公平嗎」？這件事情對於我培養自己的價值觀有很大的影響。

我對於人類的裸體，也就是男性性器官與女性性器官的極端厭惡和執著，可以說是源自於我童年時期的這些經驗。

我從小就很喜歡用剪刀或剃刀，把和服、紙和書本之類的東西剪碎，常常因此被母親罵。此外我也很喜歡用石頭或鐵鎚，把窗玻璃和鏡子之類的東西打碎。現在回想起來，那種舉動恐怕是因為我很渴望受到別人關愛吧。

有一段時間，我很喜歡把花唰地從頭切斷，把它丟進我偷偷挖的洞穴裡，收集好幾百朵這樣玩。我也在四開的紙上畫圓圓盛開的花。花瓣看起來總是像女生的性器，而花瓣的中心則長得像是男生的性器。

每次被媽媽追趕打罵，我總是會躲到廁所裡，只要從門內把鎖扣上，那裡就是全家最安全的地方。我在廁所裡一直畫一直畫，畫的全都是這些性器的花瓣。

被狗吃掉顏面盡失的陰戶、沾上貓糞滴滴答答的陰莖……我把這些圖畫稱之為「廁所藝術」。

後來我在東京求龍堂畫廊舉辦個展的時候，作家川端康成購買的《不知火》、《雄蕊的哀愁》等等幻想作品，就是我少女時代在廁所畫的那些怪畫中的一部分。

我從很小的時候，就開始對性抱持著強烈的厭惡與執著，這種感覺發展到

「草間・乍現」的時候，更是讓我激動，可以說是我創作的根本原動力。

在歐洲各地進行人體彩繪

我的乍現從紐約開始延燒，不僅美國國內有人開始跟隨我的腳步，這股風潮還擴展到世界各地。一九六七年十月，我在荷蘭阿姆斯特丹的個展開幕典禮上，用螢光顏料在全裸男女身上畫畫，進行了相當大膽的演出。之後我把電源關掉，讓螢光顏色浮現在黑暗當中。

當我們一行人開始褪下衣物，會場齊集的群眾馬上開始高聲批判，引發騷動。我在現場宣揚壓抑性愛導致戰爭的理念，反問眾人說：「戰爭和性解放哪一種比較好？難道您認為戰爭比較好嗎？」現場馬上安靜下來。對於保守的荷蘭人來說，有很多人是因為我造訪此地，才對性解放的觀念耳目一新。然而，當時提供場地給我們的教會主管，卻因為我們的關係被革職了。

接著，我們在美麗的古都台夫特（Delft）一間很有來歷的天主教學生會館舉辦乍現演出。在這個名為「音樂與愛」的演出當中，我讓交響樂團的演奏者全裸。此外我也慫恿為了歡迎我聚集在此地的作家、畫家、記者們都脫光光。最後除了少數幾個躲開的美術館員在旁邊看，幾乎所有的人都和我們一起脫光。

我們吸著大麻，跳著Go-Go，敲鑼打鼓一直鬧到天亮。我穿梭在人群當中一個一個替他們畫畫，讓他們全身佈滿紅、藍、黃的點點圖案。

早上五點左右，當警察抵達現場時，所有的人為了親熱，都已經窩到房間裡去了。

當時現場狀況透過電視傳遍荷蘭全國，連比利時和德國也都公開播出。

我們用來舉辦乍現活動的那間學生會館被警察封鎖，裸體演出的音樂家們暫時也被取消營業執照。面對這樣的結果，前衛藝術家們共同高呼：「裸體無罪！」、「荷蘭太過保守！」並展開抗議行動，這也是理所當然。

接著，我在鹿特丹美術館的個展展場，進行了一場名為「愛與裸體的反戰遊行」的乍現活動，在美術館裡的一個教堂內呼喊：「好，讓我們開始人體彩繪吧！」

當時有人嚷嚷：「警察來了！」同時也有人高喊：「不要怕他們，繼續畫！」場內鬧得不可開交。我則是爬到耶穌基督的祭壇上對著所有人說：

「荷蘭的觀眾們！我們每一個人的人生都只有一次，身體也只有一個。然而，我們的歷史卻因為不停息的戰爭，把愛和美都踐踏在腳底下。這次現場乍現的身體不會被任何炸彈或槍砲破壞，他們展現的是人類與生俱來、美麗的生命尊嚴……」

後來我在比利時和德國也都進行了相同的裸體彩繪乍現，然而高喊「上啊！」的觀眾和嚷嚷「解散！」的警察相互對峙的情形，每次一定都會反覆重演。

我每次都成功從警方手裡逃脫，不知道進行過多少次這類的表演活動，可是在紐約還是有被抓過。當我進拘留所的時候，警察帶來一個看起來像是他朋友的電梯服務生，跟我說：「草間，草間，醒一醒！他是我的朋友，想要跟妳握手。」

有很多警察都會特地跑來看我，嘴裡念說：「這就是草間彌生啊，個頭這麼小啊。」因為他們老是抓不到我，所以對我非常在意。可是也有警察很親切。半夜兩點的時候，我拜託他說，我肚子餓，可不可以幫我買蛋糕和咖啡，那位

● ● ●

愛與和平，女王登基——前衛演出的幕後主腦　1967-1974

反戦と平和の女王となって——前衛パフォーマンスの仕掛け人　1967-1974

帥氣的警察還幫我跑了一趟。

當時「裸體彩繪的草間」這個名字可以說是流傳得相當廣，所以其他關在裡面的人，也都會熱絡招呼我說：「下次妳要辦人體彩繪的時候，記得找我去參加！」還好因為我這麼受歡迎，警察比較把我當一回事。

我做了傳單和說明文件來宣傳乍現，上面刊登這類的口號：

「Please the Body」（取悅你的身體）

「50% is Illusion and 50% is Reality」（50％是幻覺，50％是現實）

「Learn, Unlearn, Relearn」（學習、遺忘、再學習）

「The Body is Art」（身體就是藝術）

當年我自導自演拍了電影《草間的自我消融》[130]。我在紐約伍茲塔克（Woodstock）的馬、荒野和池塘彩繪斑點（池塘是用沾染顏料的筆刷在水上畫），以此開始這部電影，然後鏡頭再轉到工作室做人體彩繪的乍現場面。

這部電影從一九六八年第四屆「國際短片影展（比利時）」上映開始，接連在第二屆「安娜堡影展」、第二屆「馬里蘭影展」獲得獎項。並自一九六八年一月開始在全美各地的狄斯可舞廳、體育館、棕櫚花園飯店（Palm Gardens）等地，以兩塊美金的票價公開上映，引發廣大的迴響。

圓點大祭司

一九六八年，美國出現了更大量的人體彩繪乍現，不過這時乍現已經不單只是一種藝術性的演出，還被用在反戰或者是政治批判等目的上，成為一種相當能夠反映當代風氣和社會背景的活動。

乍現活動不僅是次數增加，內容涵蓋的範圍也變得更廣，品質也更充實。當時我進行的演出大致可以分成以下三種：

第一，就是一般「藝術型」的乍現。第二，當年反越戰的運動正如火如荼展開，加上要進行美國總統大選，可以說是相當動盪不安。我從自己個人對這些時代和社會局勢的關注出發，舉辦了「社會型」的乍現。

第三種和時尚以及音樂劇有關，也和我後來陸陸續續成立的公司有關，或許可以稱為「商業性」的乍現。不過實際進行乍現時，這三種特質多多少少都會包含在內。

在此附帶一提，這段期間除了乍現以外，我還在美國與歐洲各地舉辦個展，也積極提供作品參加聯展。

當年的乍現活動很多，我在這裡舉出幾個比較具代表性的例子：

二月我在紐約華爾街的教會進行了名為「人體彩繪節」的反戰示威活動。當時被人檢舉，還上法庭接受判決。

七月到十一月之間，我在許多不同的場地連續進行了一個新系列的乍現活動，稱之為「人體爆炸」。

七月，這個活動在華爾街紐約證券交易所對面、美國國稅局的華盛頓銅像前舉辦，由專業舞者進行「反對繳稅」的乍現。四位全裸、身上噴著圓點圖案的男女舞者，在銅像四周轉圈跳舞，不過因為警察出動的關係，所以活動進行幾分鐘就結束了。

當時我的口號是：

「裸體不必花錢，衣服則要算帳。忘卻自己，回歸自然。放棄自我，超越永恆。我會用圓點包覆你的身體。消融自我是唯一的解脫。」

《每日新聞》替這乍現下了這樣的標題：「全裸當街跳舞，警方束手無策」。

七月我在自由女神像前面也辦了一次。當時的傳單是這樣寫的：

「脫下你的衣服吧，重獲自由！裸體不必花錢，衣服則要錢買。財產要錢、稅金要錢、股票要錢。勒緊你的褲帶！扔掉你的褲帶！就讓褲子保持落下的狀態！忘卻自我，天人合一！用圓點顏料消融自我！」

八月，我在紐約中央公園裡的「愛麗絲夢遊仙境」銅像前舉行乍現。當時的

● ● ●

標語是：

「我，草間本人和裸體舞者們是一群瘋子。要不要和我一起去中央公園來趟小小的旅行呢？我們會一路走到愛麗絲銅像的魔法香菇前面。愛麗絲是嬉皮的始祖，因為第一個在低潮時喝飄飄啤酒的就是愛麗絲。

我是現代的愛麗絲。

我——草間就像穿越鏡子的愛麗絲那樣（我在那特別訂作、佈滿鏡子的知名房間裡住了好多年），可以打開通往奇幻與自由世界的大門，您也可以參加這場生命探險之舞喔！」

九月我在紐約聯合國大樓前進行乍現，燒了五十面美國國旗。

十月在紐約華爾街進行「裸體示威」時則印了這樣的傳單：

「股票都是金玉其外／股票是和藍領無緣的東西／股票是資本家的騙術／不想再玩這種遊戲了／戰爭都是用股票累積的財富在進行。我們要抗議殘暴貪婪、引發戰爭的證券買賣／把股票這種東西燒掉……把華爾街也燒掉／華爾街交易員改行去當農夫和漁夫吧／證券交易員馬上停止這類詐欺生意吧／我們要用圓點圖案消除華爾街的證券交易員／要用圓點圖案消除裸體的華爾街證券交易員／加入我們吧……脫、脫、脫光吧。」

十一月，我們在紐約選舉委員會前進行，並且發表「寫給尼克森的公開質詢書」：

「地球和宇宙中數百萬的星星一樣只是一個小點。然而跟這些和平又寂靜的天體相比，地球卻充滿了憎恨和鬥爭。請和我、和大家合作創造一個改變一切的新世界，打造一個伊甸園。

親愛的理查・尼克森先生，讓我們忘卻自我，和神合而為一吧。讓我們裸身靠攏合而為一。就像飛上雲端那樣，在身上互相畫滿圓點，在無始無終的永恆裡面消融自我，這樣你才有辦法理解以暴無法制暴的真相。」

同樣在十一月，我在「自我消融教會」裡進行了一場名稱為「同志囍事」（Homosexual Wedding）的乍現活動。這間教會設置位於紐約沃克街（Walker Street）一層寬闊的出租閣樓裡，婚禮邀請卡和文宣聲明上寫著，這個儀式將會由「圓點大祭司」草間來主持，並附上了以下的文字：

「這次舉辦婚禮，是希望能夠讓至今不得見光的祕密，坦率出現在世人面前……當今社會，人人都有戀愛自由。然而，我們必須要把愛從社會的性壓抑當中解放出來，才有辦法獲得真正的戀愛自由。」

我在這次的婚禮當中，替一對男同伴侶穿上我設計的一襲結婚禮服。這套衣服可以說是往後所有我創作的中性「自然服飾」的先驅。

從另類禮服到音樂劇

由於我的活動範圍越來越廣，所以我在一九六八—一九六九這兩年之間開設了許多公司。就業務內容而言，大致可以分成以下四大類。

第一類是為了企畫與執行各種乍現和音樂劇，成立草間企業（Kusama Enter-prise）、草間圓點教堂（Kusama Polka Dot Church）、和草間音樂劇製作（Kusama Musical Production）等公司。

第二類是針對時尚方面的工作，設立草間服裝公司（Kusama Fashion Co., Ltd.），製作及販售草間禮服和各種織品。我在工廠投資了五萬美元，大量生產「草間時裝」，並在紐約一流的百貨公司布魯明黛（Bloomingdale's）設立草間專櫃，在全美四百家百貨公司和精品店設點販售。

可以裝進二十五人的宴會禮服要價兩千美元。露臂的同志禮服十五美元。露臂低胸的晚禮服最高要價一千二美元。此外，上流階級的貴婦還訂了很多同款的透明禮服、另類禮服和賈桂琳風的服飾。一九六九年四月，我在紐約第六大道和第八街的交口開了一間時尚精品店。所有經我設計、製作的服裝全部都搭配著圓點圖案。

第三類和電影有關，我成立了草間國際電影公司（Kusama International Film Co., Ltd.），用郵購方式銷售乍現等活動的影片。此外還製作拍攝我自己導演的新電影《百花撩亂》（*Flower Orgy*）、《同志狂歡》（*Homosexual Orgy*）等並在全美各地上映，甚至到世界各地的美術館公開放映。

第四類是負責其他業務，設立人體彩繪工作室（Body Paint Studio Co., Ltd.），提供人體模特兒，並成立同性愛社交俱樂部（Homo Social Club "KOK"）。KOK是草間（Kusama）、同性愛（Homophile）[131]、公司（Company把C改成K）的字首縮寫。在英語當中，KOK也是陽具的俗稱[132]。

這一年，我在熱門電視節目「強尼・卡森秀」[133]和「阿朗・巴克秀」[134]表演人體彩繪，率領三位女性和一位男性裸體模特兒到節目現場進行人體彩繪乍現。

十二月，我在可以容納四千人的紐約菲爾莫東劇院[135]辦了一場裸體彩繪乍現音樂劇，劇名為《草間歌劇之自我消融》（*Kusama Self Obliteration Opera*）。當時那齣戲裡唱了這樣的歌：

酩酊之神

在幻覺抵達蛋蛋以前

就算被精神病纏身致死
我也怡然自得　一如既往
無論如何　心思瞬息萬變
我的陰莖沒有辦法隨心所欲
卵巢總是休眠
午後親熱只會讓人想睡
當我都忘了這檔事　精子才姍姍來遲　露臉
從惡魔的巢穴裡面
他不會忘　大聲嚷嚷
跑來拜訪　歷史又重演一場
　　男人就當同志
　　　女人就當拉子怎麼樣
　　　　（反覆）
齒輪已經錯開了

親熱進去的時候總是歷經波折
愛和死都要孤獨承受
天堂的水已經乾涸
明明一時興起的時候
愛意四射
算了吧　不想玩
頸上的青筋只是裝滿血的輸精管
　　男人就當同志
　　　女人就當拉子這樣辦
　　　　（反覆）

陰莖海綿體在火海搗亂
龜頭卑賤的神經有夠煩
精子老是湧來侵犯
欸　在戀情最熱的時候

陰戶的夜晚　會暴怒狂幹
撕裂史坦頓島[136]上
自由女神的布幔
就算抱怨會不會太明目張膽
花束從一開始
就不給情侶好看
　　男人就當同志
　　女人就當拉子轉轉轉
　　（反覆）

神明如果下凡的話
銀色的粉末會漫天紛飛
下流的男女正在作愛
卻被乾冰捶
冷卻腦袋搭上公共馬車

●　●　●

愛與和平，女王登基——前衛演出的幕後主腦　1967-1974
反戦と平和の女王となって——前衛パフォーマンスの仕掛け人　1967-1974

地球瘋狂失速
以為未來還有幾億年的幸福
把蛇大卸八塊
女人的子宮就是地獄的卸貨處
　　男人就當同志
　　女人就當拉子才有路

（反覆）

我們一行人在美國創下耀眼的成績，大眾媒體也給我們相當正面的評價。然而，在汪洋彼岸的日本，我卻被說成是「裸體乍現女王」和「辱國之女」，單單只呈現出一種充滿誤解和偏見的形象。當初在母親反對下，我父親設法瞞過她定期匯錢給我。不過因為那些帶有藝術性和思想性的演出，在日本被當成是八卦醜聞在報導，我和留在日本的家人關係破裂，家裡的補助也從此斷絕。

創設人體彩繪集團

我並沒有被這些誤解和偏見打敗，反倒更進一步拓展我的藝術和思想版圖。透過我各種公司舉辦的活動，很快就打造出一個巨大的「人體彩繪集團」。

依據部門來看，首先是「裸體攝影棚」（Nude Studio）。雖然用這名稱命名，不過它的經營內容和日本這類的店家[137]不一樣。我經營的裸體攝影棚不只可以看秀，還可以讓客人實際進行人體彩繪。

模特兒身為畫布當然是一絲不掛。即使客人不想畫畫，也可以窮極各種角度欣賞她們美麗的胴體，獲得滿足。此外，客人們也可以全裸和模特兒互相在對方身體上作畫。

費用方面，如果只有女生全裸，一小時十八美元，三十分鐘十美元，如果客人也脫光互相彩繪，則是一小時二十五美元，三十分鐘十五美元。我的攝影棚蒐羅了三十位嬉皮出身的美女模特兒，在紐約可說是規模最大的一家。

接著則是名為「ＫＯＫ」的同性愛社交俱樂部。喜歡同性的男性們可以加入會員，自由在此享受「戀愛」的樂趣。大眾媒體也給予很高的評價，把這稱為

「劃時代的同性戀團體」。媒體還給了我這樣的尊稱（？）——君臨俱樂部四百位男同會員之上的大和撫子[138]。哥倫比亞大學也在這時候成立了同性戀社團。

第三是「縱情派對公司」（Orgy），也稱為草間性愛公司（Kusama Sex Company），主要業務是主辦各種狂歡派對服務廣大民眾，並且販售等身大的女性性器照片。

特別是讓那些從來沒見過、體驗過的人，可以親眼見識並且參加雜交，在這方面，我對美國人的性解放做了很大的貢獻。

很多人以為我的派對都是嬉皮在參加，事實上，會員裡頭最多的是上班族。此外，最常參加的則是律師、醫生、或者是大學教授之類地位崇高的人。這些人討厭被人家說長論短，通常不交女朋友，但是他們又沒有辦法隨心所欲亂來，所以最後只好跑來我這邊參觀天體派對，有時候自己也會親自下去玩。在這群人當中，也有人偕同妻子跟大家一起脫光，互相在身上彩繪圓點的圖案。

郵購方面，我則販售私處特寫和各種情趣用品。私處特寫的相片放得和真實尺寸一樣大，一組十二張五美元。大幅海報則是一張三到五美元。

我還成立了「祖裎時裝公司」。這間公司主要生產的是天體派對的禮服，有在乳房和陰部挖洞，可以直接穿著衣服嬉戲的禮服，也有男女雙人可以一起穿著，在衣服裡面親熱的睡袋夫妻裝。這間公司的經營方針是生產新潮又讓人能夠享受魚水之歡的實用衣著，並推廣給一般大眾。

我也運用這些服裝進行各式各樣的乍現。譬如說，我用蘇聯和美國國旗做了一件禮服，同時讓三十位男女一起穿，他們就這樣數著「一、二、三、四」一起跳進海裡，在水中歡合。有一段時期，我自己在畫室裡工作時，也會穿露臀、裸胸、私處開直徑二十公分大洞的連身洋裝，男助手們也赤身露體，只用印花布袋包覆陽具和陰囊。

「電影製作公司」方面，主要是拍攝和性解放有關的電影。從一九六七年《草間的自我消融》開始，我已經自導自演好幾部片。每一部片的藝術水準都相當高，榮獲各地影展頒獎肯定。這些影片得以上映那麼多場次，也是因為有許多死忠愛好者不斷支持的緣故。

接著，我也跨足出版領域，發行《草間狂熱》（*Kusama Orgy*）週刊。由我擔任總編輯，以「裸、愛、性、繪畫、和美」為主題，在全美書報攤發售。

我為什麼要像著魔一樣投入這麼廣的事業和運動領域呢？答案很簡單，因為我做的是每個人都喜歡的事。從現實生活當中報紙雜誌到處氾濫的情色新聞和裸女圖，就可以理解這一點。

不僅如此，認為性愛污穢下流、不得自由享受的傳統價值觀，直到今天都還是氣燄高張。人們已經被逼到窒息的邊緣。

性壓抑會扭曲人類的本性，間接驅使人們發動戰爭，就像飢餓會導致犯罪和戰爭那樣。這是我的看法。我的心願就是把這些被禁欲壓迫的人們拯救出來。

美國當時距離性解放還很遙遠，更不用提日本。想要追求完全的性解放，必須要走非常長遠的路。

把性愛從原本的地位下放、加以鄙棄、讓男人們淪落到必須自慰的狀態，不管怎麼說這都不是自然運行的法則。無論如何，我們都必須要進行一場性愛革命。我認為這種事情一定要賭上性命去做，所以我就豁出去了。

六〇年代——大時代的轉捩點

除了美國之外，我在全世界都擁有許多熱情的支持者。當時我和賈桂琳或尼克森總統之流，可以說是一樣重要，只要我有任何動靜，馬上報紙和雜誌就會報導，從這點足以充分證明，大眾對於我所從事的活動有多麼熱中。這種現象具體顯示人們究竟對什麼感到好奇，甚至更進一步顯現出人們到底有多渴望愛與和平。

我的責任就是把性愛革命拓展到廣大的群眾身邊，提供他們自由享受雲雨之歡的機會和空間。我是提供這種場域的人，或許也可以算是一種展演策畫。

當然啦，想要在經年累月對性懷抱偏見、又飽受禁欲折磨的大眾當中，推廣這樣的運動並不簡單。首先，頑固的警察會跑來鎮壓，此外也有許多大眾的想法和警察一樣。可是只要我問他們說，「你們覺得戰爭和性解放那一種比較好」，他們都會毫無疑問選擇性解放。

在實踐這種思想的過程當中，我的乍現也變得越來越激烈。一九六九年四月，我在紐約中央公園的「綿羊草原」(Sheep Meadow)廣場進行了一場名為「咆哮」(Burst Out)的乍現。

那天是星期日，剛好是復活節，我和藝術家路易斯・阿波拉菲亞[139]發動了一個針對紐約市市長的乍現系列行動，兩人全身畫滿圓點圖案，在「愛與裸體」

的台上奔跑。我全身上下只穿了胸罩和面紗，因為當時群眾當中有幾個人鬧著把我的縱情禮服（Orgy Dress）搶走了。根據《紐約時報》報導，當天現場大約聚集了四千位嬉皮。

《每日新聞》也以〈復活節的裸體示威〉標題做了以下報導：

「四月六日復活節是一個風和日麗的星期天，人們穿著各式各樣涼爽的服裝齊集在午後的中央公園，綿羊草原廣場上更是駢肩雜遝。我們請教現場的民眾，才知道當天有場嬉皮的集會。仔細觀察現場，我們發現小小的岩山上面有位嬌小的東方女性，身上纏著奇特的布，一頭黑色秀髮披在胸前，像自由女神一樣站在那邊。

「女神發出某種口令之後，四周的男女嬉皮們就開始一起脫掉身上的衣服。就在岩上的女神與眾人一同一絲不掛的瞬間，先前在旁戒備的警察們高喊：『把那女的抓起來！』開始進攻，同時上百位嬉皮也手牽手排成陣型，圍起兩、三層的人牆高呼：『保護彌生！』

「警方和嬉皮相互推擠，有人從人牆裡面向警察丟擲啤酒瓶，碎片傷及一旁看熱鬧的群眾，當場血流如注。遠方傳來救護車的警笛聲。還有一位全身赤裸的嬉皮過度興奮，跳進柴火當中全身燒傷，又叫來了一台救護車。

「這場騷動從正午左右一直持續到晚上八點，那些比鬼還可怕的紐約警察最後終於放棄，鳴金收兵。那位公園裡的『女神』，名叫草間彌生。」

八月，我在紐約現代美術館的庭院當中進行了一場演出，取名為「MOMA招魂大狂歡」。這場乍現由八位裸體參加者在美術館雕刻庭院的噴水池中擺出雕刻式的帥氣姿態。

我在現場的文宣當中寫著：

「輕解羅衫，加入雷諾瓦[140]、馬約爾[141]、賈寇梅第[142]、畢卡索他們的快樂小隊吧。以上幾位全部都會參加，保證都會全裸。」

對我來說紐約現代美術館是「現代藝術（Modern Art）的墳墓」。現代這個概念在那裡到底代表什麼意義呢？梵谷、塞尚、還有其他的亡者們都步向死亡，正成為過去。我認為在展示這些作古藝術家作品的同時，當今活著的藝術家們就死了。

噴水池邊點綴著馬約爾的《浣髮女人》、畢卡索以及亨利・摩爾[143]等人的雕刻作品。起初四男四女在一旁待命，待我一聲令下，這八位就褪下衣著，全裸進入池中。

其中一位女性成員在馬約爾的雕刻上擺出大字型的姿勢，張開雙腿，在兩百位觀眾面前曝露自己的性器。緊接著一位黑人男子趴在她身上，用渾厚的嘴唇和她接吻。雖然兩人的性器官有所碰觸，可是並沒有插入。從他們身後望去，黑人兩顆渾圓的蛋蛋正好遮掩了女生的私處。

還有一組人靠在雕刻上互相擁抱，其他兩組在水池邊緣反覆擺出各種體位。我則是在這群人身旁不停嚷嚷：「Let's make love！Let's make love！」然後，在演出的空檔，我會對觀眾演講高呼：「這是借藝術之名打垮權力的行動！」

不過這個乍現也是一下子就結束了。因為美術館的警衛人員馬上跑過來，把這些裸體男女們帶走。

隔天八月二十五日，《每日新聞》在頭版登了照片和報導：

「當現代美術館警衛威廉先生聽到噴水池畔有赤裸的年輕男女現身，不禁感嘆：『這是藝術嗎？』噴水池旁仰躺著馬約爾的『浣髮女人』。這場突如其來的裸體演出，是由日本藝術家草間彌生所策畫，現場擠滿群眾圍觀。」

警衛光是把這些赤裸的男女拉出噴水池就花了二十分鐘，這篇報導還添了這麼一筆。當時躺在馬約爾雕刻上展露陰部的女生之後表示：

「噴水池的水真的很舒服。我是一位職業設計師，這次是第一次參加乍現。不過在藝術創作的領域當中，我和草間是志同道合，所以我完全不排斥脫衣。今後我也會繼續參與這類的活動。」

一九六九年直到年底為止，狂歡、乍現、工作室的時尚走秀，以及走秀結束之後的雜交派對，可以說是接連舉辦不斷。六〇年代這劃時代的轉捩點就這樣落幕了。

哲學家菲力克斯・瓜塔里（Pierre-Félix Guattari）[144]在一篇名為〈草間彌生

讚〉的文章，用這樣的方式描述我和我的創作：

「草間彌生深深紮根於日本的想像力當中，她是一個超乎尋常的裝置，可以進一步從最現代的媒材當中，引發主觀又感性的潛在能量。她作品散發出來的強度就是這樣產生的。

「然而正因如此，消費大眾更不該忘記，是這些材料以這種悽慘的樣貌向我展露出這一個令人掃興的世界。草間彌生讓我們的世界重新充滿魅力。這位女性如同閃光一般，超越『垮世代』那段創造與破壞的日子——她付出了什麼樣的代價啊！——她在我們的面前，重生成為標舉未來美學的偉大藝術家，我們已經殷切期盼很久了。」

久違十三年的短期歸國

一九七〇年三月，我暫時回了一趟日本。距離一九五七年我二十八歲離開日本，已經過了十三年。我的乍現引發性愛革命，在美國獲得豐盛的成果，這次回國正是因為我想在日本引爆這樣的風潮。

日本大眾媒體對我的評價有多惡劣、多缺乏常識，待在紐約的時候我就多多少少有所耳聞，因此我的內心也帶著一絲懷疑，不知究竟要如何讓日本人理解我的思想和行動。

我想要盡可能用最有效率、又能夠讓最多人知道的方法推廣我的運動，所以我非常看重報章雜誌以及電視之類的大眾媒體。歐美媒體報導我活動的時候通常比較公正，然而日本媒體卻完全相反，每次都讓我很生氣。我可以直接斷言說，日本媒體曲解我的行動、盡可能利用我，並且只會做侮蔑我個人形象的報導。

總之，日本的大眾媒體很卑劣。不同的日本記者和攝影師接二連三出現在我紐約的辦公室，每次嘴巴都說得很好聽：「妳在日本被很多人誤會，甚至有人說妳是日本之恥，我就是為了導正這樣的觀念，所以才跑來拜訪。」他們透過我幫忙，採訪雜交派對和裸體乍現等活動，在這段期間，甚至還接受我的食宿招待。最後，給我帶來一堆麻煩，卻完全不當一回事地背叛我。

譬如說，有一位攝影師K竭盡所能利用我們所有的工作人員。這個男的不但不守信用、裝傻，最後還不告而別。他發表一批照片，四處放話，說成是自己偷偷潛入祕密派對拍到的獨家漏網鏡頭，對我們的協助完全沒提半個字。刊出來的文字有很多也是直接盜用我所說過的話或是我的想法，可是連草間的草都沒寫出來。

《週刊POST》[145]也是毫無根據就隨便刊登報導，更別說照片明明是我提供的，他們卻擅自主張，拿給其他人使用。除了他們以外，還有幾個寡廉鮮恥的傢伙，把我的照片當成是自己拍的一樣四處兜售。日本電視台的「11PM」[146]這個節目，也沒有獲得我的允許，就擅自公布從我這裡流出的照片。後來我才知道，這些事情都是K和N幹的。這些事情可以說是多到不可勝數，我真的是對日本媒體人的卑劣感到深惡痛絕。

在《週刊文春》[147]的「昭和奇人傳」這個專欄當中，作者H不但用「上床也是一種策略」這種話來形容我，還寫了一堆人身攻擊的報導。我從來沒有見過這個人，大概是他對我的成功有偏見，從其他待在紐約的貧窮畫家那裡，聽到一些不負責任的抱怨才獲得寫作靈感。《週刊新潮》[148]也登過好幾次我的醜聞，可是我完全搞不清楚他們那些憑空捏造、充滿惡意的報導，到底是從哪裡冒出來的。

對我來說，我一直認為女人只要為了工作和男人上床就完了。在美國，女人不會和批評家、新聞媒體人、或者是企業家上床。一上床女人就失去武器，只要不上床，這種誘惑反而可以用上十年十五年。所以我絕對不和任何人上床。

除了記者和攝影師之外，還有很多待在美國的日本大學教授、藝術家、藝人等等會來拜訪我，可是他們也一樣，常常都把我提供的資訊當成像是自己的發現，甚至是自己的意見那樣，寫成文章或者是做演講發表，在禮貌上完全無視於我的存在。

事實上，來紐約拜訪我的日本人，大部分都是一些像是雜碎一樣的傢伙，連我的美國朋友都對他們感到厭惡。更別說這些充滿惡意的負面報導反覆在媒體版面出現，不斷挑撥我和日本家人之間的關係，讓人不堪其擾。

我在紐約現代美術館庭園召開人體彩繪個展的隔天早上，發生了一件事。

我位於第六大道辦公室的招牌被人破壞，窗玻璃也被石頭砸得亂七八糟。我慌慌張張跑到窗邊張望，看到五、六個日本醉漢耍流氓大叫：「靠脫衣服成名，丟國家的臉，賤貨！」、「像妳這種人應該趕快把妳強制遣返！」他們就這

●●●

樣嘴裡不停罵我，然後大搖大擺走掉。

因此每次只要有我的消息傳回日本，我的家人都覺得沒臉見人，非常不好意思。我那老派的父親寫了一封感嘆的信給我說：「妳怎麼竟然墮落到這種程度？」母親則是每次都寫一堆哭哭啼啼的話：「附近鄰居，還有店裡的員工，看過那些雜誌報導妳的文章以後，盡可能小心翼翼避免談到這個話題，看到他們這樣，反而讓我更不舒服。」

有的時候她還會寄這樣的信來：「每次在報章雜誌上看到彌生妳的事，都讓我覺得很丟臉，不知道要怎樣面對鄰居。妳做這種辱沒國家的事，讓我覺得愧對祖先，今天還跑去上墳謝罪。妳小時候喉嚨生病差點死掉，那時候如果就那樣死掉的話……」

父親和母親真的就這樣完全相信日本的報導。對我來說，沒有比這更悲哀的事了。

日本大眾媒體一點都不關心我的藝術和思想，只把它們視為醜聞。我就在日本媒體的虎視眈眈之下，再次踏上睽違十三年的國土。

三月六日，晚上十點。跨出西北航空的班機走進羽田機場，天氣比我想像得更涼。迎接我的人只有一位，是《週刊POST》的記者N。因為我搭機時隱瞞真實姓名，所以這很正常。

隔天我馬上去找我的法律顧問協商。我要進行一場讓日本各地的人都瞠目結舌的乍現，目的是徹底解放「性」情駑鈍的日本人。只不過，對我來說，搞到流亡海外無所謂，可是如果沒有辦法回美國的話，那就糟了，所以我特別為此跑去請教律師。

當時我想過各式各樣不同形式的乍現，預定要在萬國博覽會會場舉辦同志大遊行，最後則是在國會議事堂前面，進行一場空前絕後的天體博覽秀。想要透過這些活動引爆全國的熱潮。

這個在皇居和議事堂門口舉辦的乍現計畫，就算是被警方阻止無法執行，也會被全世界的媒體報導，這樣就能夠達成我原本目的的一小部分。我要利用媒體，撼動全世界裂痕累累的道德觀。我必須把自己在繪畫和雕刻上進行的革命

● ● ●

事業，轉嫁到全世界的人身上。對，我相信自己必須這麼做。我在紐約進行的裸體彩繪，後來在美國和歐洲廣泛發展出許多支流，當我發現那群人竟然開始仿冒「草間・乍現」的時候，真的是大吃一驚。

當我踏進睽違已久的日本國土，首先讓我最震驚的是男人們作威作福的情況可說是和以前如出一轍。我才剛攔到一輛計程車，馬上就有一個男的，從旁邊閃出來坐上車，沒禮貌到讓人目瞪口呆，甚至還來不及生氣。我被人生地不熟的東京搞得惴惴不安，計程車司機對我大聲嚷嚷，男人又都自我中心。我看到這些男人，實在是很想要用棍子好好打他們的屁股，然後把他們全部閹了，流放到八丈島[149]去。

翻開日本的雜誌一看，嗯，女性的裸體和性愛的報導也是相當氾濫。可是就性解放的角度來看，可以說是一點長進也沒有。即使丈夫們去外面尋花問柳，我的祖母和母親她們自己還是對丈夫謹守貞節，這種現象完全沒有改變。這個世界上哪有這麼荒唐的事。

與其被世人的眼光或者是古老的道德束縛、坐以待斃嫁人，女生不如拎個行李箱，要飯也好，露宿也好，用自己喜歡的方式過活。就像我這樣。

先前我在紐約舉辦過一場「燒掉內褲」(Burn the Panties)的乍現，讓西方姊妹們燒掉內褲，不過日本的女性們也應該脫下內褲，把它們給燒了，解放自己的情欲。妻子如果被丈夫弄哭的話，自己也去參加狂歡派對就好啦。應該要光明正大地去夫婦交換派對才對。

東大赤門[150]之類的身分，只不過是男性沙文主義的一種象徵。如果可以打破這種觀念，教導大眾同性社交術和性愛技巧的話，我就可以以女校長的身分，率領手下的同志從紐約殺回來。

總而言之，絕大多數的日本人無論是男是女，本質上都是「性」情駑鈍。他們的情欲都被堵住了。

某一天，日本有一團大約十幾位知名企業家，拜託我讓他們到我的工作室參觀人體彩繪派對。他們湊到女模特兒的下半身指指點點，大呼小叫說：「喔！真的是長金毛喔。」鬧成一團，後來還把手指插到小洞裡面，賊笑說：「唉呀，好深喔。」我真的是非常想要一腳往那群老不修的命根子踹下去。我感覺模特兒們的想法也和我一樣，等那群歐吉桑一走，她們馬上大叫：「什麼嘛！從來就沒有看過這麼不要臉的人！」自從那次以後，我就在工作室門口貼了一張告示標明：「日本人禁止進入。」

我想要衝破日本人對情欲的封閉態度！待在日本的時候我就抱著這樣的意念，連日接受日本媒體的採訪。從週刊雜誌、報紙，一直到電視，我全部都接觸了。

三月十二日，我參加了NET電視台的節目「奈良和早安秀」[151]。節目女助理或許是因為心不在焉，脫口而出就問我說：「請問妳穿什麼樣的內褲？」我從一開始就在等這樣的機會，聽到這裡，我馬上回答：「讓妳開開眼界吧，就是這樣！」然後瞬間站起身來，一氣呵成脫下褲襪。

當下男助理瞬間擋到攝影機前，攝影師也手忙腳亂把鏡頭轉向天花板。因此很可惜，我褲襪之下一絲不掛的肌膚沒有辦法登上電視螢幕。明明我只是想要透過這種手段，把日本思想內部的罪惡感一掃而空。

在皇居前接受採訪的時候，我站在二重橋前任褲襪滑落，雙腿大開，要求攝影師「拍一張胯下騎著二重橋這種構圖的相片」。攝影師連忙按了好幾次快門。因為附近有眾多觀光客停步回頭張望，攝影師匆匆催我離開現場。他沒搞清楚，那一刻其實正是難能可貴的乍現實況。

我一天到晚在接受媒體轟炸，然而無論是訪談或是其他各種活動，不知為何日本的新聞界都只會問一樣的問題。他們完全不懂、也不關心我這些舉止背後的意義或本質，只用有不有趣的角度來看待我的行為。層次如此之低，我完全無話可說。

深夜逮捕事件

三月十三日深夜，我帶三位女子前往銀座。突然間，我出聲說：「脫吧！」女子們也爽快地卸下風衣。有兩位身上只穿內褲，另一位則是穿喇叭褲。然後我接著說：「就這樣一鼓作氣，大鬧一番吧！」女孩們開始高呼萬歲、四處跑跳。三人身上都有我親筆彩繪、畫上的美麗圓點圖案。

正當我對三人下令「再跳一次！」的時候，聽到有男人在喊：「妳們在幹嘛！」出現一台警方的巡邏車。「這可能會構成公然猥褻，跟我們去局裡一趟。」我們四個人就這樣被帶到築地分局。警方是因為有路人打電話到局裡報案，所以才知道這件事情。

這場深夜的乍現演出才剛開場一分鐘就被迫落幕，又造成了一次遺憾。「我做了什麼嗎？什麼警察局啊，我不去！」雖然我高聲嚷嚷，可是這對警官一點用處也沒有。正當我心想沒有辦法，從口袋掏出美金，希望他們可以放我一馬的時候，在旁的週刊雜誌記者插話說，這樣更糟糕，會變成公然行賄。明明在紐約的時候，每次只要掏錢警方就會放人。

而且，日本的調查審訊很過分。雖然這些女生有穿內褲，可是全身上下沒戴胸罩，只套一件大衣而已。他們就直嚷嚷「打開衣服讓我看看」。真的很煩，就這樣一直弄到凌晨四點。這些日本警察不收錢，可是都是色胚，只要一個女生被弄哭，他們就很開心。「一次就好，脫來看看嘛。」真的很過分。我們聽他們說教老半天，好不容易才終於被釋放，可是我只覺得日本這個地方真的是無藥可救。

我就這樣在日本待了兩個月，然而只是重新體認到這個國家是一個虛偽的四等國。到頭來日本人還是不了解真正的性解放思想。不只是老傢伙這樣，就算是年輕人也一樣。無論是年紀輕，還是年紀一大把，日本男人都陷在「只要有洞就好」這種性飢渴的狀態當中。

性解放是透過性愛這種人類與生俱來的行為，確認他者的存在，並且和他人建立聯繫。日本人完全不了解性解放其實是一種人性的革新。性解放是一種人類情感的證明，也是平等的證明。情欲的歡愉與黑、白、黃的膚色無關。彼此交融的人怎麼會有必要進行戰爭、相互廝殺呢？明明真正重要的事情是利用解放情欲，來拆除人我之間的障壁才對。

我這些「性與反戰」的思想，與「乍現」這種傳遞思想的表現方式，完全沒有被日本接受。從大眾媒體、新聞界、到文化人都沒有任何理解的反應。打從耶穌基督現世以來，「革命家就不被故土接納」，我就帶著這樣的感受離開了日本。

一九七一年，我把主要的活動領域轉移到歐洲，在各地巡迴。尤其是以羅馬為中心，熱烈展開人體彩繪表演、時尚走秀和個展。此外，電影《草間的自我消融》、《百花撩亂》也在第一屆「紐約電影節」上映，獲得廣大的迴響。

一九七二年，我回到紐約，再度以紐約為中心展開活動。就在這一年，美國版的《名人錄》收錄了我的姓名，並且定期刊載我自一九六二年起的個人履歷。

一九七四年，這一年，父親過世了。

124 乍現：happening，乍現是一種表演藝術形式、一種事件、或一種活動的情境，這個名詞涵蓋了許許多多完全不同的表演內容。創作者可以在任何地方以任何形式舉行乍現演出，這種演出活動通常只有粗略的流程大綱，帶有許多即興成分，並結合音樂、影像等多種創作形式。演出內容不一定有敘事性，而且往往邀請觀眾一同參與。乍現創作者想要打破觀眾和作品的界線，讓觀眾成為作品的一部分，因此每次演出的狀況可能會使內容產生很大的差異，每個人都只能在當下接觸到，無法重複體驗。乍現的藝術性正是奠基於此。五〇—六〇年代，乍現活動廣為流行，許多藝術家都曾經做過乍現演出，因為這個名詞的含糊性，其中也涵蓋了一些名不符實、比較接近傳統劇場的作品。艾倫・卡普洛是最早提出「乍現」這個名詞的人，積極創作與撰文推廣乍現美學。他努力發展一種刺激觀眾產生創造性反應的技巧，鼓勵觀眾以自己的方式和乍現產生關連。他的作品《分成六段的18種乍現》（*18 Happenings in 6 Parts*, 1959），被認為是史上第一次乍現演出，不過也有論者認為，應該要追溯到一九五二年他老師約翰・凱吉（John Cage）在黑山學院（Black Mountain College）的《劇場作品一號》（*Theater Piece No. 1*）。乍現的概念後來風行全球，有許多藝術家繼續發展相關作品，成為表演藝術的一環。在華文圈，有些人把happening這個名詞翻成「偶發藝術」、「偶發」或「事件」，強調它隨機發生的特徵。然而隨機、偶發是自達達與超現實主義以來藝術家已經發展數十年的一種創作概念，容易混淆。此外，happening後來延伸出現在許多不同的語境當中，從政治性的抗議到挑釁式的惡搞都可以看到happening，當代流行的快閃族（Flash mob）在概念上與此也有部分共通之處，採用「偶發藝術」的譯法有點沉重，也不夠周延。由於草間在本書當中使用這個詞的時候，有時也只是當成一種表演形式來描述，因此選定「乍現」來翻譯。

125 麥卡錫：一九五〇年代，美國參議員約瑟夫・麥卡錫（Joseph Raymond McCarthy）宣稱共產主義分子滲透到政府與媒體界，鼓勵揭發左派人士和共產同路人，掀起一陣反共的紅色恐怖。在這股風潮中許多知名公眾人物遭到迫害，包含卓別林（Charlie Chaplin）、亞瑟・米勒（Arthur Miller）、歐本海默（J. Robert Oppenheimer）、錢學森等。由於害怕遭受波及，許多媒體進行自清和內容規避。然而抗議聲浪越演越烈，加上許多媒體與政治人士的努力，社會風潮最終慢慢轉向反麥卡錫的方向，讓事件得以落幕。麥卡錫主義後來也變成一個普遍用語，用來指稱所有不實指控與沒有確切證據的宣傳抹黑行動。

126 動態雕塑：草間在這應該只是一種比喻性的說法，並不是真的指動態雕塑（Kinetic Sculpture）。

127 垮派：Beatnik，這個詞原本帶有貶意，指五〇—六〇年代初期媒體替垮世代（Beat Generation，亦做疲憊世代）塑造的一種刻板印象。原本垮世代指的是五〇年代美國文化圈的一群藝文人士，以及他們作品所延伸出來的文化風格，主要包含反抗美國主流思想、藥物經驗、另類性行為，以及東方的靈性思想。經典作品有艾倫・金斯堡《嚎叫》、威廉・博羅斯《裸體午餐》，以及傑克・凱魯亞克的

《在路上》。這股文化解放風潮可以說是之後六〇年代嬉皮文化的濫觴。

128 帕克─伯尼特畫廊：Parke-Bernet Galleries，美國最大的藝術品拍賣中心。希朗・帕克（Hiram Parke）和歐投・伯尼特（Otto Bernet）早年在紐約歷史悠久的拍賣公司——美國藝術協會（American Art Association，創立於一八八三年）協助拍賣工作。後來因為經濟大蕭條以及領導階層改組的關係，決定獨立創業，於一九三七年創立帕克-伯尼特畫廊。他們經營得相當成功，一年後就把老東家美國藝術協會併購到旗下，成為美國最頂尖的拍賣中心。戰後，帕克和歐投先後過世，帕克-伯尼特畫廊也開始面臨歐陸拍賣行進駐紐約的競爭，經營權轉移到第二代海安（Leslie Hyam）、馬利昂（Louis Marion）、凡德格利芙（Mary Vandegrift）手上。其中馬利昂是從實習生一路爬到總裁的地位，他的兒子約翰（John Marion）則在未來成為蘇富比（Sotheby's）的總裁。一九六四年，著名的英國拍賣公司蘇富比買下帕克─伯尼特畫廊，合併成現在的蘇富比公司（Sotheby Parke Bernet）。

129 《每日新聞》：*Daily News*，美國有好幾個地方都有同名的媒體，不過這裡應該是指紐約的《每日新聞》。

130 《草間的自我消融》：日文原文「草間の自我消滅」，英文片名則是*Kusama's Self-Obliteration*，基於先前草間自述obliterate指的是讓自己形體消融，和永恆合而為一，所以沿用「消融」，而不直接採用漢字「消滅」。

131 Homophile：此處原文為「オモフィル（男根）」，然而無論英日文描述陽具都無此字。經過讀音和語意的推測，最相近的應該是「ホモフィル（同性愛者）」。草間可能誤讀發音為O，並以此字借喻陽具。

132 陽具的俗稱：草間指的應該是相同讀音的cock（雞雞）。

133 強尼・卡森秀：The Johnny Carson Show，一九五五─一九五六年間美國電視黃金時段的綜藝節目。

134 阿朗・巴克秀：The Alan Burke Show，一九六六─一九六九年美國廣播黃金時段的脫口秀節目。他會在節目中挑釁特別來賓，並且在觀眾席中設置抗議鈴，讓觀眾自由發聲。

135 菲爾莫東劇院：Fillmore East，搖滾演唱會製作人葛拉罕（Bill Graham）於一九六八─一九七一年間在紐約東村設置的搖滾演奏場地。這裡每隔幾天就有演唱會，一次兩團，被譽為是搖滾樂的聖堂（The Church of Rock and Roll）。由於這裡音響效果絕佳，許多音樂人都曾在此灌錄唱片。包含King Crimson、Miles Davis、Frank Zappa等等。

136 史坦頓島：Staten Island，位於紐約市的西南方，紐約五大行政區之一。史坦頓島北方可以遠眺看到自由女神像，事實上，自由女神是座落在更北邊的埃利斯島（Ellis Island）上。

137 日本這類的店家：ヌード・スタジオ（nude studio，裸體攝影棚），在日本是風化場所的一種，提供脫衣攝影的玩法以及各種性服務。

138 大和撫子：ヤマトナデシコ，特指具備傳統日本清秀美的氣質女性，是一種讚賞用語。

139 路易斯・阿波拉菲亞：Louis Abolafia，一九四一－一九九五。六〇年代時他曾多次在嬉皮派對當中，爭取選票競選美國總統，並多次舉辦結合音樂、詩歌和觀眾參與的綜合性乍現演出。

140 雷諾瓦：Pierre-Auguste Renoir一八四一－一九一九，法國印象派畫家、雕刻家。早年在工藝製造的生涯中接觸創作，後來進入格萊爾（Charles Gleyre）的畫室學畫，認識莫內等人，加入印象派的創作活動。他以人物畫聞名，畫中的用色和光線帶著柔和的溫暖氛圍，著名作品有《煎餅磨坊的舞會》（*Le Bal au Moulin de la Galette*）等。

141 馬約爾：Aristide Maillol，一八六一－一九四四，法裔加泰隆尼亞雕刻家。馬約爾早年作品受到高更和夏凡那（Pierre Puvis de Chavannes）影響，然而他後來轉向雕刻的方向。馬約爾大部分的成熟作品都是用古典的技法和穩定的結構來塑造女性身體。他的大型青銅作品帶有一種抽象的質感，是後續亨利・摩爾和賈寇梅第等人的先驅。

142 賈寇梅第：Alberto Giacometti，一九〇一－一九六六。瑞士藝術家，以雕刻作品聞名於世。賈寇梅第跟隨布爾戴勒（Antoine Bourdelle）學習雕刻，在那裡接觸到立體派和超現實主義，並與米羅、畢卡索、巴爾杜斯等人來往。賈寇梅第是超現實主義運動的代表藝術家之一，然而他的作品卻很難以歸類。雖然他是從再現物象出發，可是他的情感往往會投射到最後的成果裡面，塑造出他眼中的世界。他的作品特徵是把人或動物簡化到最基本骨瘦如柴的造型，顯現出一種強烈的情感。

143 亨利・摩爾：Henry Moore，一八九八－一九八六，英國雕刻家。他最知名的作品是那些設置於公共空間的青銅與大理石雕刻。他受托爾特克－馬雅（Toltec-Maya）文化雕像的影響，經常以女性的臥姿當主題，人體造型被抽象簡化，並帶有穿透的孔洞。早期他重視雕塑本身的量體，後來則開始注意空間與實體部分的呼應，創造出一種現代主義的造型。

144 菲力克斯・瓜塔里：Pierre-Félix Guattari，一九三〇－一九九二。法國心理學家、哲學家。五〇年代早期曾接受拉岡（Jacques Lacan）的指導，後來和他分道揚鑣。瓜塔里把生態智慧（ecosophy）概念引進左翼自由思潮，認為這個概念可以用更寬廣的框架來融合生態和社會。他與法國哲學家德勒茲（Gilles Deleuze）合作撰寫《資本主義與精神分裂：反依底帕斯》（*Capitalism and Schizo-phrenia: Anti-Oedipus*）以及同系列第二卷《千面之書》（*A Thousand Plateaus*），這是他們最有名的著作，開創一種更實際、更多元也更激進的精神分裂分析（schizo-analysis）。

145 《週刊POST》：《週刊ポスト》，小學館發行的娛樂周刊。主要讀者群是三〇—四〇歲左右的上班族，報導立場比較保守，反中、反朝鮮。

146 11PM：日本電視台和讀賣電視台於一九六五—一九九〇年間交互製作的長壽深夜節目，也是日本第一個娛樂新知綜藝節目。最初是非常硬的時事議題新聞節目，但是收視率相當低迷，改組之後成功開拓深夜時段的收視觀眾群，大膽的清涼企畫單元是後來所有深夜成人綜藝節目先驅。

147 《週刊文春》：文藝春秋社發行的週刊雜誌。一九五九年創刊，基本編輯方針是處理報紙和電視新聞不會報導的資訊。報導多不署名，除了報導政治與企業的金錢醜聞之外，也常直接處理政治和經濟議題。雜誌時常會舉辦一千人民調，評選「女生討厭的女生」、「最喜歡的女性藝人」等，結果相當具影響力。

148 《週刊新潮》：新潮社發行的週刊雜誌，創刊於一九五二年。在日本所有以出版社招牌為名的週刊之中，是歷史最悠久的一本，發行數量僅次於《週刊文春》。起初為了建立品牌，想以專欄和八卦報導為主，然而因為企畫能力低落，所以最初只能走向文藝路線。編輯方針主要是著手報導報社不會處理的新聞，特別是金錢和女人的相關話題。此外，由於是以出版社的身分出發創刊，相當重視小說連載，不但曾引發劍豪小說風潮，直到現在每期都依舊有三部作品在連載。

149 八丈島：伊豆七島之一的火山島。一直到明治初年都是著名的罪犯流放地。

150 東大赤門：赤門是位於東京大學本鄉校區裡的一座重要古蹟，後來輾轉成為東京大學的俗稱。

151 奈良和早安秀：奈良和モーニング・ショー。早安秀是日本NET電視台（朝日電視台前身）於一九六四—一九七七年間開播的節目，也是日本第一個娛樂新知綜藝節目。

相遇之人，心愛之人——G・歐姬芙、J・科奈爾、A・沃荷等等

私の出会った人、愛した人——G・オキーフ、J・コーネル、A・ウォーホル他

喬治亞・歐姬芙

我第一個、也是我最大的恩人

在所有我相遇的人當中，有一個名字我一定要把她排到第一位，那就是喬治亞・歐姬芙。如果不是因為她看到我那唐突又笨拙的信，親切回信給我的話，我的美國之行最後會變成什麼樣子，我真的是無法想像。對於我前往美國、在當地進行藝術創作來說，她是我第一個、也是我最大的恩人。

簡單介紹一下喬治亞・歐姬芙。她於一八八七年出生於美國的威斯康辛州，從十歲左右就開始下定決心要成為畫家。她在芝加哥和紐約學習美術，直到一九一〇年左右才開始對東方藝術產生興趣。

她一邊擔任美術老師，一邊持續創作，抽象的作品吸引了攝影師艾爾弗雷德・史蒂格勒茲的目光。一九一六年，史蒂格勒茲在自己的291畫廊[152]展示歐姬芙的作品。一九二四年，兩人結為終身伴侶。自從一九四六年史蒂格勒茲過世之後，歐姬芙就搬到新墨西哥州，過著與世隔絕的生活。她畫了許許多多花、紐約都市風景、沙漠、還有動物骸骨之類的圖畫。一九八六年過世，享年九十九歲。

我從西雅圖前往紐約，一方面感到開心，因為自己可以在過去夢寐以求的都市裡生活，可是另一方面卻也發現，那裡和戰後的松本落差太大。面對紐約那種激烈的環境，我的精神開始出狀況。當時歐姬芙特地寫信給我，告訴我說，如果紐約住起來那麼痛苦的話，可以去她家住。她還拍自己家中庭院和房子的照片送給我看，讓我了解她在新墨西哥住在什麼樣的地方。

歐姬芙對素昧平生的我就是這麼親切體貼。這可能是因為她透過藝術作品對於東方、還有日本感到好奇，再加上她對於我在當時那個年代跑去美國印象深刻。當時日本還沒有任何人想過要這樣做。那個年代，大家光是為了吃飯就拼了老命，連去美國的藝術家也要做工才能生活。說什麼想要去美國畫畫，實在是太不食人間煙火了。

歐姬芙看到那樣的我，應該多多少少覺得感動吧。她對我親切到那種程度，應該是因為被我的畫打動的關係吧。

某一天，歐姬芙不辭辛勞跑到我在紐約的住處拜訪我。那是我待在紐約第四年，一九六一年的事。當時我住在中城區東十九街五十三號。我在住處接到一通電話說：「我現在過去。」十分鐘之後，她就出現了。

當時我很想要和她一起拍張照，可是沒空去買底片，結果我們連一張合照都沒有。回想起來只能說可惜，但是也沒辦法。

我對歐姬芙的第一印象是她滿臉皺紋。我從來都沒有見過那麼深的皺紋。深達一公分左右的凹痕嵌入臉龐，彷彿像帆布鞋的鞋底一樣。可是她是一位非常有格調的淑女，也非常有自信。

「I am Georgia O'Keeffe.」她一邊說著，一邊走進房間，問我說：「喔——彌生，一切還順利嗎？」

雖然她全身都是骨頭，可是儀態很沉穩，帶著孤傲的藝術大師的威嚴。走路的時候，不是像走路有風那樣昂首闊步，而是徐徐而行。胸口上別了一個亞歷山大・考爾德[153]的胸針。

歐姬芙問我生活有沒有什麼困難啦，要不要去她的住處啦，很替我著想。明明自己過著幾乎不與人交往的生活，卻親自跑來探望，她對我真的就是這麼關心。

雖然她跟我說可以去住她那邊，至少食宿無虞，可是如果我不待在紐約，就沒有機會成名，所以我抱著遺憾的心情回絕了。再怎麼說，歐姬芙住的新墨西哥州實在是太遠了，要先從紐約搭八個小時的飛機，然後再從聖塔菲[154]開車到阿比丘[155]才行。

我看歐姬芙送我的照片，當地的風景就像墨西哥一樣。乾風習習，渾圓的草團滾過，散發著亞熱帶的氣息。歐姬芙待在那樣的地方聲譽不會下滑，那是因為她的作品出類拔萃，可以深深打動人心。

歐姬芙個性古怪，雖然她平常生活幾乎完全不和世人接觸，卻趁自己來紐約的時候找我。我想和她有交情的日本人大概就只有我一個而已。從各種角度來看，像她那麼耀眼的人真的相當少見。

歐姬芙曾經送過我一幅花卉的水彩畫，可是在搬家的時候遺失了。我真的是覺得自己太暴殄天物，當時不知道有多後悔。

歐姬芙是藝術史上的一流畫家，作品的格調相當高。我認為這是因為她精神修養很深的關係。

日本畫對歐姬芙的影響

歐姬芙是六十歲左右的時候才第一次去歐洲。她看到塞尚畫的聖維克多山之後，大吃一驚說：「什麼嘛，原來立體派是這樣啊。」那明明只是一座很普通的山。

歐姬芙帶給美國人相當強烈的震撼。因為美國完全沒有她那種風格的畫。所有的人都喜歡把整張畫面填滿，沒有人畫歐姬芙那種帶有空間感的構圖。就身為一個美國畫家而言，歐姬芙以女性的身分拔得頭籌。像她那樣堅持自我，建立地位的人相當稀有。

我認為她實際上有受到日本畫的影響。她的作品據說是一種象徵主義[156]的風格。我個人則把她的作品稱為超現實象徵主義。歐姬芙描繪的花和日本畫的花相當神似，運用的技巧都是保留開放空間，只凸顯自己想要表現的主題。她畫的葉子也是東方式的葉子。

歐姬芙晚年，大約是在過世前三年左右，兩眼失去視力。她得了青光眼，已經沒有辦法開刀。不過她會用看不見的雙眼眺望天空，想像雲的形狀。

歐姬芙也有嚴謹正直的一面，既難討好，獨占欲又很強。她這位女主人指揮六名左右的僕役和園丁，建立一座完全不用農藥的菜園，除了園裡摘的菜之外，她什麼也不吃。

歐姬芙晚年的時候，有一位二十二歲的單身男子造訪她家。替她打點家裡所有的一切，獻身照顧看不見的她。歐姬芙為此相當感動，把一切都交給那位二十二歲的男子。那時候，歐姬芙已經八十六歲了。

雖然她以前每天幾乎都穿修女般的黑衣服，可是那位男人雇了裁縫師，替失明的歐姬芙設計了一些漂亮的衣服。

在歐姬芙死前，這位男子把她帶回自己的家照顧。歐姬芙既沒有小孩，也沒有親戚，在這世上沒有任何人可以託付，所以男子一切都事必躬親。然而旁人卻惡意謠傳說他是為了財產，只是在歐姬芙活著的時候做做樣子……之類，閒言閒語的人很多。

可是這位男子在歐姬芙過世之後，依舊相當認真。他悉心成立了一座基金

● ● ● ●

相遇之人，心愛之人——G・歐姬芙、J・科奈爾、A・沃荷等等

私の出会った人、愛した人——G. オキーフ、J. コーネル、A. ウォーホル他

會，經營得比她死前還要氣派，並親自擔任歐姬芙基金會的董事長。

去世之前，歐姬芙每天都在重寫遺書。要把什麼東西分給誰，不動產要給誰，別墅原本要給誰，改成另外一個……諸如此類。或許是因為眼睛看不見無事可做，所以才會這樣也說不定。聽說她的財產都有依照遺囑做分配，我真的為她感到非常欣慰。因為喬治亞・歐姬芙真的是一位了不起的人，也是位了不起的畫家。

喬瑟夫・科奈爾[157]

在毫無概念的狀況下相遇

一九六二年某一天，我的經理人告訴我說：「這兩三天我們會去見一個奇人，不過彌生，帶妳去見他是有條件的喔。記得穿上妳最漂亮的衣服，跟我一起去吧。」

根據她的說法，那個男人是一個超級怪人，平常完全不和任何人碰面，過著像隱士一樣的生活。因為他生性如此，所以無論藝術經理人有多想要他的作品，他都不會賣給不認識的人。可是只要帶漂亮的女生去見他，他就會賣。她跟我說：「彌生，就是因為這樣，所以我才會帶妳去。」還說：「我已經跟他說，會有一個東方超級美少女到場。」

我披上和服，繫上銀帶，和經理人兩人一起去拜訪他。連對方是誰都搞不清楚。

我們去的地方和紐約曼哈頓完全不同，是一個相當蕭條的社區。當地有好幾十間一模一樣的房子並排在一起，我們去的就是其中之一。皇后區，烏托邦公園大道（Utopia Parkway），他家的地址就在那裡。

經理人繞到後門，輕敲幾聲之後，房裡傳來男人的聲音，門也應聲而開。這是廚房的門，男人正好在喝紅茶。這時我才知道，他的名字叫作喬瑟夫・科奈爾。

喬瑟夫・科奈爾是一九〇三年生於紐約州奈亞克（Nyack）。十三歲的時候，父親因病過世，他開始撐起家計，照顧母親以及罹患小兒麻痺的弟弟的生活。一九三一年，他接觸到恩斯特[158]的作品，開始走上藝術創作這條路。三〇年代，他和超現實主義的畫家相互交流，並運用拼貼手法製做神祕的箱型作品。一九七二年辭世。

兩、三個月前，我和這位喬瑟夫・科奈爾，還有艾倫・卡普洛[159]、麗・奔忒蔻[160]等人一起在紐約的葛楚・史坦畫廊舉辦聯展。因為我和他從來沒有見過面，所以這次在他家是我們第一次見面。當時喬瑟夫・科奈爾大概是五十幾歲，對我來說已經像是一個老公公了。

他家是典型的殖民地式建築，非常美國。可是一進到裡面，又充滿歐洲的氛圍。這裡和我所居住的紐約氣氛完全不一樣，讓我大吃一驚。

仔細一想，我突然想起朱利安・列維畫廊[161]有一張超現實主義展的海報，海報上一位少年用擴音器連續高呼「超現實主義」的圖像，好像就是喬瑟夫・科奈爾畫的。

他受到許多流亡美國的歐洲藝術創作者的影響，更直接被馬克斯・恩斯特的《百頭女》（*La femme 100 têtes*）吸引，激發創作熱情。這種人的家當然不會像我以前所拜訪過的那些藝術家的住宅那樣，走那種美國式的開放風格，這點我可以理解。

這男人陰暗又古怪的臉上，浮現了一絲不好意思的神色，開口說：「聯展的時候，作品並列在我旁邊的人，就是這位女孩嗎？」

然後他說：「啊，請進來吧。」視線在我美麗的和服上逡巡，並悄悄輕撫我的衣襬。

喬瑟夫・科奈爾對我說：「妳是一個很漂亮的日本女孩。」然後對經理人致謝：「真的很感謝妳，帶這麼漂亮的人來見我。」屋裡到處都堆滿他的作品。

喬瑟夫的工作室很雜亂，東面牆邊堆著各式各樣的空箱、水果箱和罐子，這些箱子罐子裡頭分門別類都裝滿不同的東西，譬如說，這箱裡面都是貝殼、這箱都是石頭，還有裝滿沙的箱子或舊釘子的箱子。

此外，那些將來可能會用來做剪貼的舊雜誌，也從地上密密麻麻堆到天花板。那些雜誌裡面印了一大堆喬瑟夫喜歡的古典女性照片，全部都是從舊書店找來的。

工作的時候如果需要貝殼，他就會去裝貝殼的箱子裡拿，裡面收納了上百個各種形狀和大小的貝殼。

他平常走在路上，只要看到舊木頭廢料，或者是舊釘子之類的任何老東西，就會撿起來，放進隨身提的紙袋裡，小心翼翼帶回工作室。只要有機會，他就會把這些物品化為作品的一部分。

一旦他把沙子染成紅色或藍色，裝進不要的酒瓶裡面，就會變成很棒的作品。

在一件名為《鳥群的天文導航》（*Celestial Navigation by Birds*）的作品中，置

於金屬棒上的球是去十元商店[162]買來塗白的。中間固定管線的釘子，全部都是直接用舊釘子再另外上色。只要用手拿著這個箱子，就可以讓球滾來滾去。雖然這是一九六三年左右的作品，可是卻蘊含了許多「DIY」的技巧。

《超現實主義箱》（*Surrealist Box*）這件一九五一年的作品也用了「DIY」的技巧。他在一張紙上切了十七道刀痕，然後在染成藍色的沙中埋進一、兩枚戒指，只要用手拿著這件作品傾斜，或橫向移動的話，就可以營造出各式各樣的構圖。我也有一個和這件作品一樣的箱子，它最迷人之處在於令人百看不厭。

每一件喬瑟夫的作品，都是在表面上看起來沒什麼的地方下了很多工夫，最棒的是，讓人可以充分享受拼貼的妙處。

喬瑟夫從一九四六年到四八年完成了一件名為《反覆立方》[163]的作品，時代之早令人震驚。因為過了二十多年之後，這種反覆的概念[164]才開始風靡紐約畫壇。

為了想要找喬瑟夫作品用的那種畫框，我跑到第四大道和第三街那一帶逛。不經意走進一間古書店的時候，我發現喬瑟夫工作室裡那種氣氛又再度出現。眼花撩亂，讓人難以招架。「啊，就是這個。」我抬頭往古書店的天花板一看，喬瑟夫用的那種畫框和壞掉的箱子堆了一大堆，上頭標著一美元或五十分左右的價錢。

其中有一些畫框的邊角真的相當古老，還有一些拼不起來會出現空隙。喬瑟夫會用非常低的價格買下這種畫框，然後把小刀插進角落的縫隙，把它破壞得更大。這麼一來物品就更顯古意，韻味更濃。

用新釘子的時候，打好固定以後，他一定會用髒髒的顏料塗滿，把簇新的材質藏好。這樣才不會破壞整體呈現出來的古雅氣氛。

他的工作室裡面其實只有一些簡單的工具。我問他，他是用哪種工具把裁切的木板固定住，他回答說只是鐵製的簡單剪子和鉗子。除此之外，還有兩、三把鐵鎚和大大小小、各式各樣的鋸子。他還會把新的東西泡進鐵盆裡，用顏色混雜的髒水中加以染色。

喬瑟夫是一個驚人的天才製箱師。雖然製作的時候好像一直在破壞，可是因為他用新的粗釘子從裡面牢牢固定，所以結構並沒有問題。況且他在很多小細節上都有用一些獨門技巧做處理，乍看之下看不出來。

科奈爾的收藏家，不太喜歡提供作品到歐洲來辦他的作品展，就是因為他們認為作品現況看起來已經搖搖欲墜，害怕在巡迴過程中毀損。可是喬瑟夫的箱子是用非常專業的方法打造的，相當堅固，短途的旅程其實不會對作品造成什麼損傷。

這就是製箱師的專業。這種技巧相當複雜，並不是那麼理所當然就能完成的，是非常費神的工作。雖說箱子很小，可是也不能小看。

「對我來說，與其說我走洛赫雅蒙[165]或勞梭[166]的路線，還不如說我的作品更接近涅瓦爾[167]。」喬瑟夫就像他自己所表明的那樣，雖然在創作技巧方面相當類似馬歇爾・杜象[168]的現成物[169]或超現實主義的物件，可是他的創作和這些歐洲系統的作品相比，卻毫無反諷意味，整體而言相當抒情。就像《鸚鵡與蝴蝶的居處》（*Parrot and Butterfly Habitat*）這件作品所呈現出來的那樣。他和歐洲人不同，擁有自己獨特的詩意。

驚人的追求攻勢

話題回到初次相遇的那一刻。厭惡經理人的喬瑟夫，相當感謝她介紹我們認識，賣了一件箱型作品給她。因為喬瑟夫說過，不用現金付款的話，什麼都不賣，經理人還帶了一大包塞爆手提包的現金來。她一拿到作品就把我留在那邊，趁喬瑟夫心意還沒轉變的時候，自己一個人匆匆忙忙走了。

現場只剩下緊盯著我不放、彷彿想要把我望穿的喬瑟夫和我兩個人。他擺出一副毫不客套的認真表情對我說：「我從來都沒有見過像妳這麼可愛又漂亮的女生。」

和喬瑟夫・科奈爾見面隔天，他送我他自己寫的詩。那些想要確認我和他之間友誼的詩幾乎快把我的信箱塞爆。面對這種信件的追求攻擊，我也有點驚訝。每一首詩都充滿他畫中顯露出的片段詩意。

全紐約見過喬瑟夫的人可以說是屈指可數。他的名聲和作品本身的附加價值可以說是一飛衝天，可是沒有任何人知道他真正的模樣。他是一個傳說中的天才。如果我跟別人說自己見過喬瑟夫・科奈爾的話，就會被接連不斷的問題淹沒：「耶，他是什麼樣的人啊？過著什麼樣的生活啊？」這真的是讓人不敢招架。

喬瑟夫毫不關心外界批評，也不與別人往來，就這方面而言，他那種極端孤傲的態度有點像巴爾杜斯[170]。但是和巴爾杜斯比起來，他則是一個非常缺乏常識的藝術家。用這個世界的常理來面對他可以說是完全行不通，正經的事情會變得一點都不正經。和喬瑟夫見面的話，真的會讓人很想要說：「都照你說的，隨便你啦！」

另外還有電話攻擊。他一天會打好幾次，而且每次都講超久。只要一牽扯上喬瑟夫，我就幾乎沒有自己的生活。他只要打電話來，不管是五小時，還是六小時都毫不在意。「妳覺得我怎麼樣？喜不喜歡我？」像是這類單純的對話周而復始，永無止盡。拜他所賜，別人都說我家電話不通很糟糕，甚至降低了經理人們對我的評價。

這種情況越到他晚年越嚴重，他對我的束縛實在是令人難以忍受。我被這件事弄得很煩，而且也浪費很多時間，不過另一方面，喬瑟夫・科奈爾這個人也有非常吸引人的部分。更別說他所創作出來的作品實在是太棒了！

喬瑟夫有一位像豬一樣肥、相當令人厭惡的母親。這個媽媽也是非常不正常，只要看到任何女人接近她兒子就會一直唸：「討厭！討厭！真是受不了！」我和喬瑟夫都會去對方家，可是只要我去他那邊玩，彷彿就會看見他媽瞬間出現壞臉色。

某一天，我和喬瑟夫坐在草地上接吻，沉醉在忘我的世界當中。那位像豬一樣臃腫的母親扛了滿滿一大桶水，明明很重，還是死命喘氣舉高，從我們的頭上嘩啦澆下去。我全身都濕透了，從頭髮到漂亮的蕾絲洋裝無一倖免。喬瑟夫也一樣。

事情發展到這種地步，當下他還緊緊拉著母親說：「媽媽，請原諒我，請放過我。這個人是我的女朋友，請您不要隨便亂來。」他不是跟被潑水淋濕的女朋友道歉，反而是跟母親道歉。

母親一樣擺出母親的架子，毫不退讓：「喬瑟夫，不可以碰女人。我不是已經跟你說過很多次了！我應該跟你說過，女人很髒，是梅毒和淋病的巢穴。結果咧！你竟然還帶女人回來，和你接吻！」

還有一次我在他家淋浴以後，他媽媽把我碰過的毛巾全部收走，丟進大鍋裡面咕嚕咕嚕用沸水煮。我一直懷疑，她該不會是想要把那些煮毛巾的熱水，混到我們吃的早餐裡面，結果吃飯的時候我一直心神不寧在發抖。

只要被她發現我們兩個單獨相處，他母親一定會開始嚷嚷：「喬瑟夫，喬瑟夫！」然後喬瑟夫也一定會應說：「我在這，媽。」然後接著問：「有什麼事嗎？」

總之他的戀母情結已經病入膏肓。

喬瑟夫在母親面前只會一直靜靜懺悔。所以即使是被母親用水從頭上澆下去，腦海裡也只會充滿被母親訓斥的念頭，完全不把在他身旁寒冷顫抖的我放在眼裡。

母親只要叫他倒茶，他馬上就會回應：「好的，媽。」然後立刻站起來，完全不會回頭注意我。我心裡不知道有多少次想要把他踹飛。總之年紀六十歲的兒子和八十幾歲母親之間的這種關係，對我來說實在是太詭異了。

我沒有辦法忍受，有一次就直接跟他說：「喬瑟夫，你媽媽不喜歡我來找你，所以我以後都不會再來這間房子了。這樣我以後也不用再被你媽痛罵。我實在是很難忍受她這樣對我。我是一個好不容易才從東京來這裡的日本女生，你母親不可能會了解我。」

結果他緊緊抓著我，跟我哀求：「如果妳離開我的話，我真的沒有辦法繼續活下去。我會失去所有的夢想。長久以來，我一直都夢想著自己可以對一個日本女孩許下愛情的誓言。我有生以來，真的是第一次有人介紹像妳這樣的女孩給我認識，我的心都飛了起來。這個機緣如此難得，妳卻還是說妳不想要再來這裡。親愛的，真的很抱歉。我媽很瘋狂。可是母親對我來說就是一切，這件事情是沒有辦法改變的。雖然這樣對妳很抱歉。」

那位年過八十的老女人滿臉皺紋、金髮已變全白、渾身橫肉，好不容易才用紅綠條紋的外衣包裹起來。對於喬瑟夫來說，她就是一切。

徹底排他的世界

喬瑟夫總是穿得很邋遢，走在路上的時候簡直就像是個流浪漢一樣。鞋子是破的，手上拿著一個爛爛的紙袋，買蘋果就裝進去，買檸檬就裝進去，大概就像這種感覺。這個男子不管怎麼看都像是個流浪漢，另一位可愛女孩的穿著打扮則像是東方的貴婦，路人看到我們一起走在街上，常常都會回頭張望，心想這一對到底是什麼關係。

我原本住的地方樓上是住唐納・賈德，後來搬到新的工作室，樓上住的是克萊斯・歐登伯格，再上一層是賴瑞・里弗斯[171]。雖然這棟公寓沒有名字，不過地址是在東十四街四〇四號。

夜裡，喬瑟夫要回家，我送他到樓下，遇見賴瑞帶了一群超級美女模特兒回來，所有的人瞬間尖叫退後，大概以為出現流浪漢。後來賴瑞問我那位流浪漢是誰，我回答說那是喬瑟夫・科奈爾，他不可置信發出「耶——」的驚嘆，相當吃驚。

我去他家的時候，有時候會遇到他從森林裡悠悠現身，當下我全身起雞皮疙瘩，念頭一閃就一屁股跌到地上。他的樣子簡直就像是科學怪人出現一樣詭異。既老且衰，如同廢人一般。

他沒拍過什麼相片。討厭人、討厭照相、討厭和人來往。喜歡自己一個人生活，不太想要見到別人。

我們吃飯的時候聽到外面有人敲門，因為沒人去應，結果那傢伙自作主張從後門繞進來掏名片說：「科奈爾先生，我是倫敦的經理人，希望您能夠賣畫給我。」一看他的名字，不得了，是個超級大人物。可是喬瑟夫看也不看，說：「賣畫？我沒有畫要賣啊。」擺出一副什麼也不知道的表情繼續吃飯。

喬瑟夫總是說他對別人怎樣寫他沒興趣。可是我趁他不在替他看家的時候，偷偷打開他的壁櫥看，發現裡面堆滿了關於他的評論。當時我也很驚訝，因為裡面累積了好多報章雜誌的報導。他名氣這麼響亮，媒體出現很多關於他的文章也是理所當然。可是他明明就跟我說，他對這些事情完全不感興趣，自己卻拚命收集了這麼多文章！

喬瑟夫說我的作品在藝術方面很傑出。可是事實上，這個人對其他人的作品一點興趣也沒有。我認為喬瑟夫・科奈爾一定會成為一個偉大的藝術家，他也的確辦到了。原本我就認為自己最了不起，所以他怎樣和我沒關係。喬瑟夫應該也是覺得自己最了不起，我也是用自己的標準判定自己最了不起。

老實說我也不想和他分開，可是沒辦法。因為他實在是太干擾我工作了。喬瑟夫幾乎占據我所有的時間，完全不留絲毫餘地。

法蘭克・史帖拉[172]年紀明明和我差不多，可是非常活潑，我很喜歡他。我想接下來就去法蘭克家跟他約會好了，才開始化妝穿洋裝，電話鈴聲就響了起來。「彌生——」又是喬瑟夫打來的。

某天晚上，朋友打電話來跟我說：「彌生，妳的電話怎麼都不通。早上壞掉了嗎？」實際上並不是壞掉，而是喬瑟夫一直打的關係。

那天我回喬瑟夫說：「我肚子餓了，掛囉。」掛斷電話之後，過兩分鐘，他又打來繼續講：「剛剛有件事情我忘了說……」我實在是不知道該拿他怎麼辦，就把電話擱在那，自己去上廁所，去街角的餐廳買點心、買報紙。可是他好像一點都不在意，完全不擔心。他就不掛電話，一直在那邊等，認為我還會再回來聽。

我想他可能會有其他的戀愛對象，問他說：「為什麼你不去找比我更年輕、更可愛的人呢？」結果他回答說，所有的女生都逃走了。

特別是那些女學生，根本無法理解喬瑟夫．科奈爾創造出來的世界。她們完全不懂他作品中的世界，或者是帶著神祕感的世界，所以女生馬上就跑了。每個人都逃走了，好像只有我一個人沒有離開。

我很喜歡進入喬瑟夫．科奈爾的世界。我覺得他創造出來的世界很美妙，光是看就覺得全身發麻。所以就算我覺得他真的是煩死人，還是沒有辦法離開他。

不過我也曾經出過一次大紕漏。我跑去其他的男朋友那邊玩，早上十點左右一回家，就聽到電話響個不停。果然不出我所料，是喬瑟夫打來的。「妳忘記

●●●●

相遇之人，心愛之人——G．歐姬芙、J．科奈爾、A．沃荷等等
私の出会った人、愛した人——G. オキーフ、J. コーネル、A. ウォーホル他

和我有約了嗎？」『什麼約？』『今天十點我們不是約好在大街的雜貨店旁邊見面嗎？』沒錯，的確是有這件事。「對不起，我現在就出門。」聽我回話，他馬上問：「妳先前跑到哪裡去了？」我說：「剛剛出門一下買牛奶。」

後來我馬上換衣服去我和他約好的地方，他臉色發青、滿頭大汗，看起來好像快要死掉一樣，站在雜貨店旁邊等我。我跑到皇后區要花一個半到兩個鐘頭，結果他就這樣在路邊的雜貨店一直等到我出現。因為我害他心情變得那麼差，所以乖巧地一直跟他道歉說對不起。

我不知道求他多少次，請他不要那樣打電話給我，可是一點用都沒有。喬瑟夫是一個非常怕孤單的人，而且，他也沒有其他的朋友。總之他就這樣日復一日打電話，而且每一通都打超久。除此之外他還寫信。每次只要我打開信箱，就會看到他的十幾封信掉出來。面對這些信，我常常也只能舉雙手投降。

照料母親和臥病在床的弟弟，肩負重擔的青春歲月

喬瑟夫有幾件罕見的畫作，那是我們兩人彼此裸體素描的作品。長島的冬天

真的是酷寒刺骨，可是我們兩人還是一絲不掛。後來我受不了了，牙齒不停打顫。我問他：「喬瑟夫，為什麼不把房間弄暖一點呢？」他說：「還有煤油，馬上就會變暖了，再等一等。」可是不管等多久，房間都暖和不起來。

我跟某位朋友抱怨這件事，說：「多謝他害我得重感冒。」結果那位朋友告訴我說：「我叫運油車來從外面替他加油，可是他完全沒注意到，他就是那種人。」也就是說，當時他根本就沒有點暖爐。喬瑟夫不是會注意這種事情的人，他和一般俗人完全不一樣。

喬瑟夫非常想要看我的裸體，提議來畫裸體素描。嘴巴上是說：「我們互相來畫彼此。」但一下子就把我脫光。我也回他：「那你也要脫。」結果變成兩個人裸體互相素描。長島的冬天真的冷到讓人受不了。整個房子裡一點暖氣都沒有，也沒有正常的食物，他的衣服破破爛爛還在穿，垃圾丟得到處都是，髒得要死。當時的狀況就是這麼悽慘。

喬瑟夫年輕的時候為了照顧他那母親和身體有障礙的弟弟，每天都跟人擠地鐵通勤，轉兩、三次車，到百老匯第十八街附近上班。當時他在當男裝的成衣業務員，賺錢擔負家計開銷。

●●●●

相遇之人，心愛之人——G．歐姬芙、J．科奈爾、A．沃荷等等

私の出会った人、愛した人——G. オキーフ、J. コーネル、A. ウォーホル他

他父親很早就過世了。喬瑟夫提到他父親的時候，滿臉得意跟我說：「他真的非常厲害，是紐約首屈一指的男裝師傅喔。」

喬瑟夫住的地方周遭並列了好幾百間一模一樣的房子，簡直可以說是一種美國的長屋[173]。一般家庭桌巾髒了以後會換成新的，可是他家卻是直接把新桌巾疊在舊桌巾上，不知道疊了多少層。

喬瑟夫另一件引以自豪的寶物是他那參加獨立戰爭、身著軍裝的祖父相片。那張相片擺在客廳。他祖父是獨立戰爭的英雄，雖然沒有當上將軍，可是也建立了相當多豐功偉業，讓喬瑟夫倍感驕傲。

房間裡面還四處擺放了許多阿姨、表兄弟姊妹等人的家族相片，室內布置非常美國。

我想喬瑟夫的生活一定很辛苦。要帶弟弟去上廁所、洗澡，然後餵他吃早餐，還要替母親準備三餐，加上整天出門上班，整個人一定筋疲力竭。所以喬瑟夫才會在半夜創作。他從年輕的時候就很少出門，這是因為他必須照顧母親，以及弟弟沒有辦法遠行的關係。

他那罹患小兒痲痺的弟弟很喜歡汽車的玩具，不過因為生病的關係，小兒麻痺的手就算拿玩具也抓不住，很快就掉了。雖然喬瑟夫會說：「彌生不好意思，可不可以幫我撿一下。」可是他弟那種「嘰嘰——」怪叫的聲音，就已經足以威脅我不得不撿。

他弟弟會一直流口水，睡衣前總是有一塊口水乾掉的痕跡。喬瑟夫總是哀求我說，讓他弟弟看看我。他淒涼地說：「這小子老是待在家裡，根本就沒見過女生長什麼樣子。」

那位像豬一樣臃腫、令人厭惡的母親死了，接著，一輩子下不了床的弟弟也終於過世，喬瑟夫只剩自己一個人待在家裡。

偶而只要有客人來拜訪他，喬瑟夫就會送東西給客人。客人把包在手帕裡的禮物帶回家，可是打開一看，裡面都是沙子、枯掉的花、附近海岸撿到的貝殼之類的東西。我收到的也是保麗龍、石頭、和貝殼。

可是我也收過很寶貴的東西。有一件用小貝殼製作的作品，我想值個三千美元吧。當然，現在價格一定漲更高了。此外，還有一隻貓待在花團錦簇的櫻樹下之類的作品，我真的是收到好多。

在這裡提一件過了很久以後才發生的事。我去紐約的時候，有人告訴我說，有件喬瑟夫的作品上面題有「獻給心愛的彌生」，那是我以前賣掉的作品，現在在某某手中，如果想要買回來的話，可以自己去跟對方談。可是我手上已經有很多喬瑟夫的作品了，所以婉拒了這個建議。後來我聽說這件作品出現在拍賣場上，主持人一介紹說上面簽有「獻給心愛的彌生」之後，全場掀起轟然騷動。

不知是年輕時的經驗影響，還是他原本性格就是這樣，喬瑟夫平常的生活相當節儉。

有時候喬瑟夫會給我錢，可是我討厭這樣。因為他會寫份很詳細的清單，告訴妳可以去哪裡買什麼，或者是這邊要花多少。他還會打電話跟妳說，不可以亂買東西之類，跟妳說教，說他給的錢只可以用在顏料和吃飯上等等。

喬瑟夫是有錢人，會買我的作品，像是在粉紅色網底上描繪的花之類的。他就像這樣偶爾會買我的畫給我錢。然後會告訴我說，這張畫只要拿去諾亞・苟德烏斯基畫廊[174]賣，就可以賣到三千美元左右，連他會把畫賣到哪邊去都跟我說。基本上他對這個世界的運作規則和男女相處的方式都心裡有數。

喬瑟夫晚年因為前列腺肥大接受手術，去妹妹家療養。當時他經常想要見我，所以又開始那種電話攻擊。雖然他請我務必去探望他，可是當時我是紐約的頭號人物，走在時代最尖端，實在太忙，完全沒空理他。

因此雖然對喬瑟夫不好意思，可是我還是跟他說：「我已經對你感到厭倦了。我有自己的創作，也有自己的朋友，又有草間午現公司，每天都很忙。沒事請不要隨便找我。」結果他回說：「是誰常常找妳出去？」

當時我和薩爾瓦多・達利[175]感情很好，好到總是和達利一起在珊翠湛斯飯店[176]喝酒。我在現場打電話跟他說：「達利想要見我的時候，都會叫勞斯萊斯來接我喔。你也應該要對你最心愛的情人表現一下啊。」

結果不到五分鐘，就有一位年長的女性打電話來說：「彌生，我會陪妳一起過去喬瑟夫・科奈爾那邊。」喬瑟夫好像拜託這位收藏他作品的收藏家帶我去找他。

過了一會，那位女性就搭賓士來接我，帶我去喬瑟夫住的地方。他妹妹家果然也是在長島，是一間小小的房子，像是寬闊農田中的小屋那樣。喬瑟夫就住在裡面其中一間小小的客房。

我一出現，喬瑟夫就喜極而泣，攙著我到他房間沙發上把我壓倒。然後我們就一如既往，褪下衣服相互寫生。

雨水開始滴滴答答打在鐵皮屋頂上。他說，去外面走走吧，然後套上衣服，帶我去沼澤散步。在四下無人、萬籟俱寂的沼澤旁，我們激烈狂吻。

喬瑟夫從褲襠裡掏出他那寶貝給我看。鬆鬆乾乾、滿是皺摺的圓形皮膚，看起來像披薩一樣捧在他的掌心。他說，可不可以幫我摸摸它，然後將我的手蓋上它。怪異、龐大的一團薄皮，圓圓地在我的手掌裡膨脹，除此之外，他沒有對我做任何性的要求。

我和喬瑟夫之間是一種柏拉圖式的愛情，非常神聖，上床只是其次。

雖然我不知想過多少次「這次實在是不想和他見面」、「這次我不要去見他」，可是只要他打電話來高呼「彌生——」，我終究會動搖跑去見他。這種狀況總是反覆不停發生。

不知道是哪一次，喬瑟夫在沙發上抱著我，讓我坐在他的膝蓋上，像對待小貓一樣，掐住我的脖子。我覺得很痛苦，心想現在就要被殺，全身發抖。

結果喬瑟夫赫然起身，瞬間衝進廁所裡。不管怎樣敲門，他都不出來。我擔心他會不會心臟麻痺發作，偷偷試著打開廁所的門，結果看到半裸的喬瑟夫全心全意跟上蒼祈禱，跪在地上喃喃說著：「神啊，請寬恕我。」他一定是因為自己不知道該如何是好，所以只能請求神明寬恕。那一刻，廁所窗外顯露的長島天空一片蔚藍。那片色彩直到今天我都還記憶猶新。

他是一個相當虔誠的基督徒，而且對性有很嚴重的心理障礙。他從小就被母親灌輸女人是污穢的、絕對不能碰等等觀念，總是挨罵。他那母親瘋狂、嚴厲、又充滿偏見，她這樣一搞之後，似乎害喬瑟夫變得有點性無能。和我交往的時候，他每個禮拜都會去教會。雖然他也有邀請我，問我要不要去，可是我忙於表演和作畫，又對宗教沒興趣，所以每次都丟下他自己一個人。

喬瑟夫因為前列腺肥大跑去住院，回家以後，他就對自己的體力失去信心。當時他大概是六十中後的年紀，可是外表看起來比實際年紀老上二十歲。和那些年過八十還在繼續為創作奔走的野口勇[177]、露易絲・涅薇森[178]、露易絲・布喬茹瓦[179]等人相比，他的老態實在是很驚人。

雖然他嘴上老是掛著：「我想要做彌生的裸體箱，當成是人生最後的總結，我要做，我要做。」耍賴跟我說：「送照片，送照片。」可是我就放任他這樣，自己忙於自己的創作和事業。就在他什麼都沒有辦法進行的狀態之下，突然之間他就去世了。

因為他是站著就突然「啪！」失去意識，所以直到天亮都沒有任何人發現。晚上他心臟病發作，倒了下來，結果就這樣在意識不明的狀態下過世了。

當時我為了一些事情跑去東京。喬瑟夫說：「妳要去東京？拜託妳不要去。為了喬瑟夫留在紐約吧！」盡可能攔住我。結果那變成我們最後一次交談。那是命中註定我們最後一次談話。

在他死前，我們也聊了這樣的話。我說：「喬瑟夫，再工作十年怎麼樣？」結果他回說：「我不知道自己還有沒有辦法再活十年，可是我希望能夠完成彌生之箱再死。趁我還沒死，趕快把照片給我吧。」

當時他手上的相片我不喜歡，一直想要再去照相館拍更好的，可是終究沒趕上，喬瑟夫就這樣在等待的過程中過世了。

他過世的時候，整張臉都萎縮起來，表情變得相當疲倦，看起來好像已經九十歲。

喬瑟夫過世的時候，紐約的經理人們寄了很多慰問的電報給我。大都會美術館也送來告別式的通知。喬瑟夫・科奈爾的親戚們也透過律師寄信詢問，他有沒有留下什麼遺產。

喬瑟夫死前，他的畫變得非常值錢，可是過去親戚們從來都沒有為他做過任何事，只有他那窮妹妹盡心盡力照顧他。因此我回信說喬瑟夫沒有託付任何遺產。

平常有錢的男子過世，都會至少留一片農場給自己的愛人，像葛麗泰・嘉寶[180]就從情人那邊拿到一大筆錢，買了很多印象派的畫。就這方面來看，我想他和一般的男人一樣，給了我最多寶貴的遺產，無論是作品也好，沙箱也好，那個小氣鬼都送我很多。

有件事情一直留在我心裡。他家廚房的餐桌上疊了很多層塑膠桌巾，就是

●●●●

家家戶戶都有的那種，上面印著「Welcome Jamaica」之類的字樣。家裡非常樸素。

他會把窗簾拉上，讓房間變暗，坐在角落的椅子上靜靜承受孤單。雖然他常常用低沉的聲音打電話給我，但其實他的創作量很大，彷彿做了一百年份的工作那麼多，而且那些作品都相當費工。他不曾在酒店貪杯，只要有空就會去逛舊書店，找一些老攝影集，把喜歡的圖片細心剪下來，貼在板子上。他的拼貼平面作品每一件都是貼在七公厘那麼厚的板子上。

他了年紀以後，身體真的不太方便，請了一個年輕男子當助手，幫他處理比較重的工作。他的手大概就是從那時候開始會抖。

喬瑟夫每次來我家都一定會帶著一個空袋子，沿路撿路邊的木片、釘子、沙子……什麼東西都撿。大家都以為我是在和一個流浪漢散步。

我從喬瑟夫・科奈爾身上學到很多很多。他是一個非常了不起的人。譬如說，那種基於侍奉神的立場進行創作的態度。他不是為了自己、名譽或金錢，而是為了親近神才創作。沒有比喬瑟夫更單純的人了。在我所有創作藝術的朋友當中，他最偉大。

無論再怎樣貧窮，他好像都不會感到生活不安。不管再怎樣缺錢，不知道明天下一餐在哪，他都很坦然面對。一般而言，人應該都會變慌張，可是喬瑟夫・科奈爾這個人完全不會慌。他覺得明天再管明天的事就好。

忘記是什麼時候的事，我曾經問過他：「你對於死亡有什麼看法？」結果他說：「死一點都不可怕，就像從這個房間走到隔壁那樣。」

我打從心底尊敬喬瑟夫・科奈爾，也很感謝他對我的種種關心。他是全美國最偉大的天才藝術家。

喬瑟夫寫過很多詩給我。有一件用繩子纏著蝴蝶的拼貼作品，附了這樣一首詩：

春天的花啊　回來為我跳舞
我會為你打個結
就像這隻蝴蝶
淺嚐
你遺留的杯中物

● ● ● ●

相遇之人，心愛之人——G・歐姬芙、J・科奈爾、A・沃荷等等
私の出会った人、愛した人——G. オキーフ、J. コーネル、A. ウォーホル他

現在　我要為彌生舉杯
敬我思念的公主

唐納・賈德

共度貧困的時光

首先，讓我來介紹一下唐納・賈德的生平。一九二八年他生於美國。就讀哥倫比亞大學研究所的時候，開始積極以藝評家的身分活動，並且製造機會向大眾引薦草間彌生。後來他轉向創作活動，成為美國代表性的極簡藝術家。

我剛認識唐納・賈德的時候，他是哥倫比亞大學梅耶・夏匹洛[181]的學生，當時還在讀大學，是一個乾淨、俊俏、又誠實的人。

他讀研究所的時候，四處寫評論打工，靠搖筆桿過活。我在布拉塔畫廊舉辦個展的時候賈德有來參觀，相當肯定我的作畫天分。他對我的作品非常感動，大肆讚揚。在賈德《特殊物件》[182]這本評論集當中也談到了我的作品，觀點犀利又傑出。他在為我建立名聲這方面做了很大的貢獻。

● ● ● ●

賈德他父親是紐澤西整合愛迪生能源公司（Consolidated Edison）的重要幹部，其實家裡很富裕，不過因為他是靠自己的力量來紐約闖蕩，所以才需要打工寫藝術評論。

我去他家找他玩的時候，有時會住在他那裡。我跟他說，他自己當個畫家或雕刻家也不賴，結果他回答說，他自己私下其實有在畫畫。當時他給我看的是一些小幅的潑灑畫，和他後來走的創作路線完全不同。

因為他問我下城區有沒有空的閣樓可以租，我替他跟一個在希尼・加尼斯畫廊[183]工作的黑人秘書打聽，結果他們隔壁三層樓現在是空的。賈德跑去看房子之後，覺得很喜歡，馬上就簽下最上面那層，而我則搬到他樓下。當時他差不多才剛從哥倫比亞大學的哲學研究所畢業。

在見到喬瑟夫・科奈爾之前，賈德和我都很窮。賈德每次回老家就會帶一大堆自己家裡的手工水果點心順便送我。我沒錢的時候就會跑去跟他借，他沒錢就會跑來跟我借，我們大概是這樣的關係。

美國最便宜的蔬菜就是洋蔥和馬鈴薯，可是賈德很討厭洋蔥。每天只要我一煮洋蔥和馬鈴薯的菜，賈德就會抓狂。我一開窗做飯，煙就全部飄進他的書房。他會非常生氣，對我大罵：「我有多討厭洋蔥，妳又不是不知道！房間都是洋蔥的味道，害我連字都寫不下去！」

我們兩個人當時都位於貧窮的谷底。賈德沒有買材料的錢，就跑去整合愛迪生能源公司的工地，偷扛那裡的木頭回家，用那些東西雕刻。我會從窗戶替他把風，只要有警察出現，我就馬上通知他。

我們兩個一起出去撿東西的時候，只要有警察出現，我們就會馬上擁抱假裝接吻，之後警察就會自顧自走過去。感覺有點像是說：本大爺可是紐約的菁英，哪裡有空管這種閒事。我們表面上說是撿，其實應該算是偷，萬一真的發生什麼事，要解決可沒那麼簡單。不過當時紐約每個人都在幹像賈德做的事。像露易絲・涅薇森也是，每個人用的木材都是自己到處撿、到處偷來的。

賈德後來用馬口鐵創作，那是因為稍微有了一點錢，可以買材料的關係，剛開始他都是用撿來的木頭在創作。

●●●●

相遇之人，心愛之人——G・歐姬芙、J・科奈爾、A・沃荷等等

私の出会った人、愛した人——G. オキーフ、J. コーネル、A. ウォーホル他

極簡派的領袖

賈德最初對自己想要畫怎樣的畫一點概念都沒有，畢竟他先前算是評論家。雖然他拿作品給我看說他有在畫，結果是潑灑畫。我想那些圖可能只有我看過。

那些作品非常笨拙，難以和未來的賈德聯想在一起。那些創作行動繪畫的人，都是用很帥的姿態自在揮灑，每一個人都拼命丟出讓顧客想要掏錢的作品，可是賈德的圖不是那樣。當時他讓我看了二十張左右二十公分見方的小幅作品。他一開始畫的圖就是那樣。後來他搬到下城區的閣樓，風格漸漸轉變，最後就這樣名揚世界。

因為他原本是評論家出身，能言善道，也很會用理論替自己包裝。不過相對來說，他就不太動手，搞不清楚該做些什麼，因為他不知道要怎麼做。我認為正是因為這樣，所以他才會鑽進極簡的風格。他絞盡腦汁拼命想，拼命想，最後擠出來的就是那看起來空空如也的單純造型。

自從賈德的作品進入李奧・卡斯帖利畫廊，他就飛黃騰達。後來他開創了極簡主義[184]，成為帶頭的領袖。賈德不喜歡自己的作品被人稱為極簡藝術，他自己另外創造了一個專有名詞，名為「特殊物件」。當時他寫的文章也成為該派別的聖經。

藝評人有時候比畫家更占優勢。因此，就算賈德做的只是空空如也的簡單箱子，他也能夠用理論精心包裝，用一種「看你要怎樣對付」的姿態，讓所有的人手忙腳亂。藝術家們就算有才能，也不善於表達，而且只有天才才會這樣，像大衛‧史密斯[185]什麼都不會說，喬瑟夫‧科奈爾對於自己的畫也不曾做過任何說明。正是因為他們的表達能力不好，所以才會透過畫來表現。

賈德原本是位評論家，對於藝術史相當了解，當他自己創作的時候，應該可以自己做判斷。不過賈德也不斷在轉變，我常常都很佩服，想說：他的作品竟然變成那樣啦。

賈德婚前有一位女朋友名叫朵利絲，是我介紹給他的。後來他認識了另一位長得像時尚模特兒的美女，和她結婚生了兩個小孩，然而他太太去瑞士旅行的時候，又喜歡上另一位美國男人。賈德勃然大怒，憋住想要殺人的衝動，跑去住在德州，因為在德州就算是殺人也不會被判死刑。

●●●●

賈德離婚之後就沒有再結婚，說他受夠了。老婆出國玩，和別的男人情投意合交往，最後跟他分手……對賈德來說，這個世道實在是太壞了。

賈德後來自己帶小孩，離開紐約搬到德州，跟我說他喜歡德州那種什麼都沒有的感覺。賈德在杳無人煙的地方買了一塊土地，蓋了一間美術館，也把我的作品展示在裡面。

那棟建築非常驚人。簡直就像是把他的創作哲學直接移植到日常生活當中。他家裡的裝潢啦、書櫃啦，也全部照他自己的構想請木工來做，把一切都統一成相同的風格，幾乎可以說是建立了一套生活模式。雖然我認為像德州那種鳥不生蛋的地方，還真多虧他能住得下去，可是賈德好像覺得住在那種地方比較好。

A・沃荷、D・史密斯、H・里德

安迪是個好對手

我住的東十四街四〇四號那棟房子，裡面住了克萊斯・歐登伯格、賴瑞・里弗斯、還有約翰・張伯倫[186]。一樓是美容院，二樓一間大工作室是我和約翰・張伯倫兩個人分，三樓是歐登伯格，四樓是賴瑞・里弗斯。

後來賴瑞・里弗斯用二十萬美金把我們住的第三大道街角那棟大樓買了下來。歐登伯格也變有錢，買了新家搬出去。我也因為事業的關係，搬到格林威治村市中心最熱鬧的地方，在那掛出「草間工作室」的招牌。

後來過了很多年我重回紐約，去大家以前住的那棟大樓看看，發現那裡完全變成像是貧民窟一樣。開車帶我過來的司機說，這邊不動產大概每天會跌五塊美金。建築物外面帶著黑人開槍的彈孔，流浪漢聚集在這裡睡覺。可是當年我們住在這邊的時候，這條路還很漂亮。

我和安迪・沃荷很熟。安迪事業剛起步還沒有成名的時候，曾經打電話給我說：「我想要用彌生身上畫有圓點、臥姿全裸的那張照片來做絹版印刷，妳覺得怎麼樣？」

安迪的工廠工作室[187]和我的工作室很近，非主流的公眾形象也差不多，兩間工作室在紐約可以說是分庭抗禮、吳越同舟。

我在自己的工作室是女王蜂，身邊聚集的全都是一些長得非常好看的同志。我闢建了很多小房間，讓那些想要在同志裸體上畫畫的客人指名號碼。名單上總共列了四百人左右，從天天正職領薪水上班的人，到打電話隨傳隨到的人都有。

安迪那邊也聚集了一大堆漂亮的模特兒，我們彼此互相競爭，看對方到底可以聚集多少俊男美女。在安迪那邊工作的模特兒和我這邊的模特兒，大家都有在互相來往，常常走動。

安迪身邊會有名流的大小姐、讓人眼睛為之一亮的漂亮女生、還有男同志聚集。相對地，我這邊旗下則多半是《紐約郵報》（*New York Post*）的獨家記者，或者是成為男爵養子的同志。主要都是由哥倫比亞大學哲學研究所的詹姆斯・哥拉塔[188]在安排。

又，當李奇登斯坦[189]推出他那種繪畫作品的時候，安迪大叫：「糟糕！輸了！」因為他原本預定將來也想要做那種嘗試，結果被李奇登斯坦搶先了。

度量很大的史密斯

大衛・史密斯有時候會去我那邊玩。剛開始我們是一起看谷崎潤一郎《鍵》這部小說改編的電影才變熟，後來偶而就會一起吃飯、出去玩。

他以前是在做鐵路方面的工作，是製造機械的工人。因為他對美術很感興趣，所以後來才會創作出那種用金屬表現的強而有力的作品，成為抽象雕刻藝術家。因為他原本是工匠出身，所以對於焊接鐵材的工具用法相當熟悉。

喬瑟夫・科奈爾雖然很了不起，可是大衛・史密斯更像個男子漢，他是一個度量非常大的人。簡直就像海明威《老人與海》裡面會出現的那種男人。

他是那種徹頭徹尾的平民百姓，看起來一點藝術氣息都沒有，可是卻是個非常棒的藝術家。雖然有些創作者會不斷散發出一種藝術家的氣，可是他完全不會讓人有這種感覺，乍看之下一點都不像是個藝術家。他肚子很大，走路很俗，菸也唏哩呼嚕這樣抽，還會嗚咳咳嗚咳咳這樣咳嗽。

他用的語言也和一般人不一樣，會一針見血表達自己的真正想法，不過他對我相當客氣。

史密斯很沉默，幾乎沒聽過他提自己的事。我對他的印象都是被菸嗆到在咳嗽，日常動作很遲緩，不太跟別人搭話。喬瑟夫・科奈爾很聒噪，大衛・史密斯很沉默。他真的很不錯，讓人覺得可以把一生託付給他。

英國貴族里德先生

不過呢，不管再怎麼說，藝評家赫伯特・里德還是這些人裡面最英俊的一個。里德從伊莉莎白女王那裡獲得騎士的稱號，住在南英格蘭的豪宅，格調相當高，和女王相比毫不遜色。

赫伯特・里德在評選「現代美國新銳創作展」的時候，發言表示，草間彌生是其中最優秀的一位。他在電視和廣播上都這麼說，報紙也有報導。然而當時我罹患焦慮症，所以很可惜，沒有辦法去見他。結果沒想到赫伯特・里德竟然親自跑來參觀我在紐約的個展。

一九六六年我去英國，當時有個機會去約克夏的赫伯特・里德宅邸拜訪。那裡有好寬廣的庭院，也有好幾間溫室，即使是冬天也可以採到番茄和小黃瓜。當時我們兩個進去溫室裡參觀，看到裡面種了好多不同品種的覆盆子。當時他跟我說，希望能夠從日本帶些松茸的種子給他，可是我卻沒有放在心上，真的是對他很不好意思。

那時赫伯特・里德為我辦了一個宴會。來的全都是一些好像住在城堡裡面的人，我也和這些伯爵、子爵們一起合照。那裡有馬廄、馬伕、也有馬，真的是在過一種英國的貴族生活。

里德先生家裡有一座很大的平台鋼琴，偶而夫人會演奏，我想那可能是夫人的嗜好。不知道他是因為寫評論而世界聞名，可以這樣維繫生活、還是太太老家很有錢、或者是他自己本身很有錢，總之他過的生活非常奢華。家裡有秘書、有女傭、有園丁、也有馬伕。他常常跑倫敦，和倫敦的上流社會交際應酬。赫伯特・里德真的是完美無缺，是一個充滿吸引力的人。

畫家阿道里夫・戈特利普[190]常來我這裡玩。我工作室裡有張「性愛執念」(*sex obsession*)系列的椅子雕塑，他捧場買了一張，還帶我去中國城。此外，我們也曾經一起去看過電影。

他的性格很溫柔，曾經問過我說，他工作室樓下空了一間房間，有沒有興趣搬過去。我曾一度對這個提議感到心動。

152 291畫廊：291 Gallery，一九〇五—一九一七年間開設於紐約第五大道上的著名藝廊，由艾爾弗雷德・史蒂格勒茲創辦經營。這間畫廊的重要性在於它將攝影的藝術價值提高至和雕塑、繪畫相提並論的地位。許多早期知名攝影大師像史蒂格勒茲本人、史泰欽（Edward Steichen）、卡塞比爾（Gertrude Käsebier）、懷特（Clarence Hudson White）、科本（Alvin Langdon Coburn）等都藉由在此舉辦個展獲得評論人的肯定。同時，史蒂格勒茲還引介歐洲前衛藝術家到美國，譬如馬諦斯、羅丹（Auguste Rodin）、盧梭（Henri Rousseau）、塞尚、畢卡索、布朗庫西（Constantin Brâncuși）、畢卡比亞（Francis Picabia），以及杜象等。

153 亞歷山大・考爾德：Alexander Calder，一八九八—一九七六。美國雕刻家、現代藝術家。他最具代表性的作品是天真童趣的絲懸（mobile，這個名稱是杜象替他定名的）。絲懸是一種由絲線和懸吊物組成，掛在空中用來刺激幼童和嬰兒們感官的智力玩具。構造像風鈴一樣，可以隨風飄或用手轉動。在藝術領域的用法上，有時候mobile和kinetic sculpture則是「動態雕塑」的同義詞。中文久無專名，在此取其形象譯作「絲懸」。考爾德把真正的動態變化帶進雕刻的領域，讓各個組成單位保持微妙的平衡和張力，一旦動起來又會彼此交互影響，是動態藝術的先驅。早年考爾德從事過許多不同的工作，他在擔任客輪機關師的時候，在海上感受到宇宙天體運行的美麗，最後決定投入藝術。他進入美國藝術學生聯盟，之後又前往巴黎的大修米耶學院學習。待在巴黎的時候，他用木頭和線圈機關做單人小型表演，吸引尚・考克多（Jean Cocteau）、米羅、杜象等一票前衛藝術家來看他的考爾德馬戲團（Calder Circus），藉此賺取生活費，後來經常四處演出。隨後在某次拜訪蒙德里安工作室的時候，他受到蒙德里安用基礎三原色配置的抽象繪畫影響，開始製作以三原色為基礎的動態雕塑，跨入抽象藝術的領域。他為舞蹈家瑪莎・葛蘭姆（Martha Graham）的芭蕾、作曲家薩提的《蘇格拉底》（*Socrate*）等製作舞台裝置，除了絲懸之外，考爾德製作定型的抽象雕塑。為了和mobile（動勢）的概念交互對照，法國藝術家亞普（Jean Arp）把這些作品命名為stabile（靜勢），並由此延伸創作他廣為人知的公共藝術雕塑。

154 聖塔菲：Santa Fe，新墨西哥州的首府。聖塔菲與陶斯（Taos）並稱美國第三大藝術城，僅次於紐約、舊金山，以民俗藝術見長。

155 阿比丘：Abiquiú，位於新墨西哥州未劃定區的小鎮，也是該州第三大屯墾區。歐姬芙從一九四九—一九八六都住在這裡，她筆下經常出現的荒野風景就是位於此地附近的幽靈農莊（Ghost Ranch）。

156 象徵主義：symbolism，象徵主義是十九世紀後半發源自法國和比利時的文藝風潮。它是文藝圈對於自然與寫實主義的一種反動，追求靈性、想像力和夢。此外，自然主義對於性和禁忌的喜愛以及世紀末的時代氛圍，也延伸影響到象徵主義某些頹廢的面向。文學方面的象徵主義起自夏爾・波特萊爾（Charles Baudelaire）的作品《惡之華》。隨後在一八六〇—七〇年代間，馬拉美（Stéphane Mallarmé）和魏倫（Paul Verlaine）進一步發展，吸引了隨後整個世代的創作者。此外，波德萊爾將美國作家愛倫・坡（Edgar Allan Poe）的作品譯成法文，極其推崇，對象徵主義影響也相當深遠。在視覺領域，象徵主義的狀況則和文學相當不同，象徵主義繪畫是浪漫主義傳統中神祕與哥德（gothic）傾向的延伸，譬如弗列德里希（Caspar David Friedrich）或弗斯利（Johann Heinrich Füssli），更加注重個人性的黑暗面以及頹廢感。象徵主義繪畫涵蓋的範圍比詩歌廣泛許多，包含許多完全不同的創作者，譬如克林姆（Gustav Klimt）、歐狄翁・雷東、孟克（Edvard Munch）、慕莎托夫（Victor Borisov-Musatov）、莫里斯・葛雷夫斯（Morris Graves）等。象徵主義畫家藉由神話與夢境的意象來表達內在的靈魂，尋找一種觸動心神的表現方式，這些意象有時候非常朦朧與個人化。這些對於內在與夢境的探索也影響了後來的新藝術（Art Nouveau）風潮以及先知派（Les Nabis），影響力跨越時代。

157 喬瑟夫・科奈爾：Joseph Cornell，一九〇三—一九七二，美國藝術家、雕刻家、實驗電影導演，裝配藝術（assemblage）的先驅。科奈爾很怕生，因此創作都是自學，很晚才受到藝術界重視。他最具代表性是那些盒狀的裝配藝術作品，這些展示盒一面是玻璃，裡面配置柯奈爾收集拼貼的相片或者是各種小東西，呈現出一種精煉又超現實的風格。他的作品呈現出美國超驗主義（Transcendentalism）、法國象徵主義詩人馬拉美和涅瓦爾、基督教科學派（Christian Science），還有好萊塢明星的影響。科奈爾相當珍惜那些他在路上撿到的日常殘存的小東西，運用超現實非理性的並置技巧，組合出懷舊的氣息。

158 恩斯特：Max Ernst，一八九一—一九七六，德國藝術家，被認為是達達和超現實主義的開創者之一。恩斯特沒有接受過正統學院美術訓練，一戰之後，他和藝術家亞普（Jean Arp）、社會主義運動者巴蓋爾（Johannes Theodor Baargeld）組織了德國的達達團體。一九二二年他加入了布赫東、查拉（Tristan Tzara）、艾呂雅等人位於巴黎蒙帕拿斯（Montparnasse）的藝術社群，並開發浮拓法、刮畫法等超現實創作技巧。恩斯特的作品中大量出現鳥的意象，他把這隻鳥命名為Loplop，認為他是自己的另一個自我。

159 艾倫・卡普洛：Allan Kaprow，一九二七—二〇〇六，美國藝術家，乍現演出和環境裝置藝術的開拓先驅。他在哥倫比亞大學獲得藝術碩士，並跟隨抽象表現主義畫家漢斯・霍夫曼學習。在這段過程中他學習到潑畫派的概念，對他未來的乍現演出有一定的啟發。除此之外，他也跟約翰・凱吉學作曲，跟夏匹洛學藝術史。他受凱吉影響，越來越不重視作品的成果，而是把注意力集中在創作過程。五〇年代末，他在羅格斯大學（Rutgers University）任教時，和李奇登斯坦、布萊希特（George Brecht）等人共同創設匯流派（Fluxus），進行各種跨領域創作，隨後開始推動他的乍現演出行動。

160 麗・奔忒蔻：Lee Bontecou，一九三一—，美國藝術家。早年就讀紐約藝術學生聯盟，跟隨雕刻家威廉・左拉克（William Zorach）學習。六〇年代，她用工業原料和撿到的廢料創造出一種兼具生物性與機械感的風格，並且開創一種新的形式，打破素材和欣賞的慣例，把雕塑作成像畫一樣懸吊在牆上欣賞。

161 朱利安・列維畫廊：The Julien Levy Gallery，朱利安・列維（一九〇六—一九八一）對影片和攝影還有歐洲超現實主義相當感興趣，他前往巴黎時認識杜象，進而接觸到法國藝術圈包含攝影巨匠阿杰（Eugene Atget）、阿博特（Berenice Abbott）等，並買下所有阿杰遺留的作品。一九三一年，列維在曼哈頓開了他的畫廊舉辦攝影展，展出作者包含和他亦師亦友的史蒂格勒茲等人。他很快就發現攝影市場很難經營，轉而展出超現實主義作者的作品。列維畫廊是曼哈頓當年少數的藝廊之一，也是三〇—四〇年代超現實主義藝術、攝影和實驗電影的重要據點。在此展出的重要藝術家有賈寇梅第、堂寧（Dorothea Tanning）、恩斯特、瑪格莉特（Magritte）、卡蘿（Frida Kahlo）、雷（Man Ray）、科奈爾、高爾基（Arshile Gorky）等。許多二十世紀最重要的現代藝術作品都曾接二連三進過這裡的大門，也讓這間畫廊成為滋養抽象表現主義的泉源。

162 十元商店：原文為10 cent store，也就是十美分商店，不過為了便於現代讀者直覺理解，採取意譯。

163 反覆立方：Multiple Cubes。喬瑟夫・科奈爾一九四六—四八年間的作品和他大多數的箱子不同。過去他的作品多半呈現出一種機關和自然展示櫥窗的風格，然而這些作品卻出現了極簡主義的氛圍和內在呼應的形式。這種簡練的造型和幾何感就是反覆立方的特徵。柯奈爾在一個木盒裡面以抽象的方式安排了四十二個白色的框架方格，並且配置了小小的粉末瓶子、雜誌剪貼、還有星星和月亮。柯奈爾運用這些錯錯落落的配置，把自己和現代主義的線條和稜角區隔開，讓觀眾可以用好奇的眼光審視各個細節。

164 反覆的概念：原文マルチプルのアイデア，草間在此指的可能是興起於六〇年代的極簡主義（minimalism），運用反覆的基本元素來構成作品。

165 洛赫雅蒙：Le Comte de Lautréamont，一八四六—一八七〇，本名Isidore Lucien Ducasse，出生於烏拉圭的法國詩人。對於超現實主義和二十世紀中歐陸重要思潮——情境國際主義（Situationist International）有相當大的影響。他二十四歲過世，只留下《冒朵羅之歌》（*Les Chants de Maldoror*）和《詩集》。《冒朵羅之歌》是一本詩化的小說，描述一個拋棄神與人性的惡魔冒朵羅的故事。作品中包含了許多恐怖的場景、鮮明的意象、黑色幽默和激烈變化的語言質感。二十世紀初許多超現實主義者譬如布赫東、阿鐸、杜象、達利等人都表示過此書對於他們的重大影響，經典引用句「美得像一台縫紉機和雨傘在解剖台上偶然相遇。」就是出於洛赫雅蒙的手筆。

相遇之人，心愛之人——G・歐姬芙、J・科奈爾、A・沃荷等等

私の出会った人、愛した人——G. オキーフ、J. コーネル、A. ウォーホル他

166 勞梭：Raymond Roussel，一八七七—一九三三，法國詩人、小說家、劇作家。他對超現實主義、文學潛能工作坊（Oulipo）和法國新小說派（nouveau roman）有相當大的啟發。他最著名的作品是用諧音創作的《非洲印象》（*Impressions of Africa*）和《奇觀公園》（*Locus Solus*）。勞梭在世的時候完全被文壇忽略，直到五〇年代，文學潛能工作坊和新小說大將羅伯・格里耶才重新發掘他。在英語世界，他則對紐約派詩人造成影響。

167 涅瓦爾：Gérard de Nerval，一八〇八—一八五五。本名Gérard Labrunie，法國詩人、散文家、翻譯家。涅瓦爾被視為是崇尚浪漫自然神論的詩人，嚮往精神世界，對普魯斯特、阿鐸、還有超現實主義創作者造成影響。涅瓦爾與雨果（Victor Hugo）、戈蒂埃（Théophile Gautier）、大仲馬（Alexandre Dumas, père）等參與小文社（Petit Cénacle），這個圈子後來延伸到波特萊爾等人參與的大麻俱樂部（Club des Hashischins）。他曾為法國讀者翻譯介紹海涅（Heinrich Heine）的作品，並譯歌德的作品《浮士德》，建立起他的翻譯名聲。代表作有短篇小說集《火焰少女》（*Les Filles du Feu*）、幻想風格的內心自傳《歐蕾麗雅》（*Aurélia*）等。

168 馬歇爾・杜象：Marcel Duchamp，一八八七—一九六八，法國／美國藝術家，創作生涯和達達主義與超現實主義緊密相關，是二十世紀初藝術圈的話題人物，也是概念藝術的先驅。他曾為佩姬・古根漢等現代藝術收藏家提供建言，從旁塑造了當年的西方藝術品味。杜象的作品和文章都不多，他主要是透過顛覆藝術創造的流程和藝術市場欣賞的方式來發揮影響力，譬如把小便斗命名為《噴泉》展出，或者把現成的日常事物組合成《腳踏車輪》。

169 現成物：Readymade。一九一五年杜象提出了這個概念，如果我們改變現成物品的用途，用它原本功能以外的方式來使用，它就會成為藝術品。現成物的藝術性仰賴於創作者賦予它的意義，也和它所處的情境有關（譬如被放置在美術館裡面）。這種對待物件的觀念對於分辨什麼是藝術造成相當大的衝擊，也促使觀眾產生疑惑和反思。最基本的狀況是，一旦一個物件被藝術家當成是藝術作品，藝術家通常會根據他的創作概念替它命名。此外，有時候藝術家也會對物件做些微的加工。

170 巴爾杜斯：Balthus，本名Balthasar Klossowski de Rola，一九〇八—二〇〇一，備受尊敬也倍受爭議的波蘭裔法國現代藝術家。他從未接受過正式藝術訓練，長年接受圈內好友資助，晚年才引起大眾注意。他拒絕在任何地方留下自己的個人生平簡介，這點更增添他的孤立與神祕。巴爾杜斯生於一個文藝世家，家中成員和紀德（André Gide）、考克多、里爾克、馬諦斯等藝文人士有交往。早年他對古典畫家譬如普桑（Nicolas Poussin）、法蘭契斯卡（Piero della Francesca）等做過一些研究，也受當代畫家波納爾（Pierre Bonnard）、德罕（André Derain）影響，創作描繪巴黎風光的作品。然而，後來他沒有跟隨種種現代主義的風潮，反而以青春期少女情色和偷窺姿態作為他最重要的創作主題。布赫東和畢卡索對這些作品報以讚賞，卡謬、阿鐸（Antonin Artaud）、貝提（Ugo Betti）、巴侯（Jean-Louis Barrault）等文學劇場圈朋友則邀請他協助設計舞台和服裝。五〇年代巴爾杜斯開始構思他的代表作《房間》（*The Room*，1952-54）、《聖安德烈大街》（*Passage du Commerce-St-André*，1952-54），在回憶的情調當中傳遞不穩定的氛圍，寧靜又震撼。

171 賴瑞・里弗斯：Larry Rivers，一九二三—二〇〇二，美國猶太藝術家、音樂家。一九四五年，他開始學畫，一九四七—四八年間曾至漢斯・霍夫曼的門下學習。安迪・沃荷坦承受他影響，認為他是抽象表現主義和普普藝術的中繼人物。許多學者把里弗斯視為普普藝術「教父」，因為他是第一個具體著手把藝術創作、物件抽象和敘事融合的創作者。里弗斯觸角廣泛，早年他學習薩克斯風，就讀茱莉亞音樂院時結識邁爾斯・戴維斯（Miles Davis）和查理・帕克（Charlie Parker），成為畢生的朋友。除此之外，他也曾和詩人歐哈拉（Frank O'Hara）、寇曲（Kenneth Koch）長年激盪合作新詩和繪畫創作，並跨足舞台設計與雕塑的領域，積極與不同領域的創作者合作。

172 法蘭克・史帖拉：Frank Stella，一九三六—，美國畫家、版畫家，極簡主義與後繪畫性抽象畫派代表畫家。他受抽象表現主義畫家波洛克和克萊因影響，大學結束後搬至紐約。六〇年代開始，史帖拉用色開始多樣化，並且把浮雕的技巧和不規則畫布引進作品中。他把畫作本身視為一種物件，而不是外在世界的再現。他認為圖畫本身是物理世界的某種存在，或者是創作者內心情感世界的某種表現，自此他開始脫離強調筆觸的創作方式。

173 長屋：日本對低於樓層（通常為兩層樓）集合住宅的俗稱。專門用來描述那種把細長的單棟建築切分成好幾戶的建築物。

174 諾亞・荀德烏斯基畫廊：Noah Goldowsky Gallery。諾亞・荀德烏斯基是一個很有影響力的藝術經理人，曾與阿朗・西斯金（Aaron Siskind）共同替芝加哥七階藝廊（Seven Stairs Gallery）策畫當代抽象畫大師賽・通伯利（Cy Twombly）的個展。隨後自己在芝加哥開設了霍蘭・荀德烏斯基藝廊（Holland-Goldowsky Gallery）。六〇年代末期，荀德烏斯基與理查・貝拉米合作，共同在紐約開設諾亞・荀德烏斯基畫廊（Richard Bellamy/Noah Goldowsky Gallery）。

175 薩爾瓦多・達利：Salvador Dalí，一九〇四—一九八九。西班牙加泰隆尼亞超現實主義藝術家。他融合了高超的繪畫技巧描繪想像中的風景，積極與各個不同領域的藝術家合作，創作影像、雕塑、攝影等作品。他最著名的作品形象是《記憶的堅持》（*The Persistence of Memory*）這幅畫作中的軟鐘。

176 珊翠湛斯飯店：セントリーゼンス・ホテル音譯。

177 野口勇：イサム・ノグチ，一九〇四—一九八八，生於美國洛杉磯的藝術家、庭園及室內設計師、舞台設計師。求

學時代他對羅馬尼亞雕塑家布朗庫西特別感興趣，並曾在中國北京與齊白石學習水墨畫和中國園林。他曾替舞蹈家瑪莎・葛蘭姆的演出設計過許多舞台，設計的許多室內家具至今也都還在生產販售，更以公共雕塑作品聞名於世。

178 露易絲・涅薇森：Louise Berliawsky Nevelson，一八九九一一九八八，美國藝術家。她曾就讀紐約藝術學生聯盟，並跟隨漢斯・霍夫曼學習。涅薇森最著名的就是她以抽象表現風格重組板條箱拼湊而成的創作。她也運用她找到或別人丟棄的日常用品拼組（Assemblage）作品。涅薇森經常用浮雕和單色調的風格創作，很難歸入任何單一流派。

179 露易絲・布呵茹瓦：Louise Bourgeois，一九一一一二〇一〇，生於法國的雕刻家、藝術家。最著名的作品是她名為「媽媽」的巨大蜘蛛雕刻系列。早年曾在羅浮宮學校（École du Louvre）和藝術學院（École des Beaux-Arts）就讀，遷居美國後，又在紐約藝術學生聯盟求學。布呵茹瓦使用相當多樣化的媒材，她最主要的主題是女性，用一種遊戲的態度展現憤怒、背叛和嫉妒等情緒，也經常運用性徵和情色的意象，作品經常帶有超現實感。

180 葛麗泰・嘉寶：Greta Garbo，一九〇五一一九九〇，瑞典女演員，電影史上最著名的女星之一。

181 梅耶・夏匹洛：Meyer Shapiro，一九〇四一一九九六，出生於立陶宛的美國藝術史家。他在哥倫比亞大學拿到博士學位，並在學校任教。夏匹洛宣揚現代美術，替梵谷、塞尚等近代畫家撰寫了許多文章，並與朋友一同創立《異議》（*Dissent*）雜誌。他的政治立場很激進，積極把新馬克思的方法引進藝術批評的領域。夏匹洛在風格方面的研究對於藝術史有相當大的貢獻，他認為風格是由形式和視覺特質所組成，不僅可以用來作歷史分期，更可以用來作診斷分析。風格可以用概括的方式來呈現藝術家和文化，不但能反應藝術家身處的經濟和社會環境，還可以揭露隱藏在背後的文化習俗和一般的社會價值。相對而言，我們對於形式和風格的描述也反映出我們所處的時代以及我們的觀點和偏見，藝術史家對於風格的言談用語也會反應出他自身的世代。

182 《特殊物件》：《Specific Objects》。同名論文刊於一九六五年的藝術年鑑第八集（Arts Yearbook 8），是極簡主義美學理論的奠基之作。在這篇文章中，賈德替美國藝術開拓了一片新天地，並同時否定繼承自歐洲的藝術價值標準。賈德以當時活躍於紐約的藝術家傑斯帕・瓊斯、丹・弗列文（Dan Flavin）、麗・本德庫等人的作品為證，論述美國藝術的新發展，並把喬治・歐特曼（George Ortman）推為這股風潮的先驅，認為他把繪畫造型提煉到清晰、堅實的哲學幾何層次。賈德認為這些占據空間的特殊物件無法被定義為繪畫或者是雕塑。

183 希尼・加尼斯畫廊：Sidney Janis Gallery。一九四八年，希尼・加尼斯在紐約開設了這間畫廊。他的畫廊將美國當代藝術家，尤其是抽象表現主義創作者的作品，和歐洲創作者如保羅・克利、米羅、皮耶・緇納（Pierre Bonnard）等人一概視之，建立美國當代藝術創作的合法性。

184 極簡主義：Minimalism。極簡主義是一個跨越音樂、設計、視覺藝術等許多創作領域的藝術風潮，在藝術方面主要指稱二戰之後美國六、七〇年代的視覺藝術。代表人物有唐納・賈德、法蘭克・史帖拉、艾格尼斯・馬丁（Agnes Martin）等。這些作品根植於現代主義的簡化風格，被視作是對抽象表現主義的一種反動，也是通往後現代的過渡。

185 大衛・史密斯：David Smith，一九〇六—一九六五，美國抽象表現主義雕刻家。以大型的抽象幾何雕刻聞名。早年他大學輟學跑去汽車生產線做焊接工，後來進入紐約藝術學生聯盟，並和杜・庫寧、波洛克等人成為朋友。他深受貢札雷茲（Julio Gonzalez）和畢卡索的作品影響，投入焊接雕塑的領域，代表作為他六〇年代開始的立體系列（*Cubi series*），還有《柱上的星期天》（*Pillar of Sundays*）。

186 約翰・張伯倫：John Chamberlain，一九二七—二〇一一，美國雕刻家。張伯倫早期受大衛・史密斯影響，自五〇年代就開始用廢鐵和相關材料製作雕塑。一九六〇年，他在瑪莎・傑克森藝廊舉辦第一次正式個展，開始在藝壇大放異彩。他最知名的創作風格是運用老汽車或相關零件做雕塑，把抽象表現主義轉換到立體空間。

187 工廠工作室：The Factory，指安迪・沃荷一九六二—六八年間設置於紐約的工作室。他找朋友比利・涅姆（Billy Name）來裝潢，用錫片、銀漆和破碎的鏡子把粗糙的工業空間布置得既俗麗又頹廢，藉此批判美國人的價值觀。這間工作室是「藝術人士」、安非他命使用者、還有沃荷巨星（Warhol Superstar）聚集的空間。沃荷成名以後為了用資本主義的方式量產作品，把一堆成人電影演員、變裝皇后、毒癮者、音樂家聚集起來擔任他的沃荷巨星。這些人會協助他創作畫作或在他的電影中擔綱演出。沃荷除了平面作品之外，還在工作室製造鞋子、拍影片、雕刻、談授權，設法把一切事物都標上名字拿去賣錢。工廠工作室這種夜夜笙歌、放縱不羈的生活方式散發出一種傳奇色彩，工作室運作的這段時期也因而被命名為白銀時代（Silver Era）。

188 詹姆斯・哥拉塔：ジェームス・ゴラタ音譯。

189 羅伊・李奇登斯坦：Roy Lichtenstein，一九二三—一九九七，美國代表性的普普藝術家。創作風格深受廣告文化和漫畫影響。六〇年代，李奇登斯坦在羅格斯大學（Rutgers University）任教時，受同為藝術家的同事艾倫・卡普洛影響，並開始發展他對普普意象的興趣。他第一件用角色線條和本戴網點（Ben-Day Dots）技巧作畫的作品是《看看米奇》，這件作品源於他兒子拿漫畫挑釁他說：「我敢打賭說你絕對沒辦法畫得像他一樣好，對吧老爸?」一九六一年，李奧・卡斯帖利畫廊開始展示李奇登斯坦這些作品，隔年展出個展時，所有展品甚至在展覽開幕前就已被買家收購一空。李奇登斯坦使用油彩和丙烯顏料作畫，用粗線條、濃密的色彩和本戴網點取代原本的顏色，營造一種照相製版的粗糙效果。雖然李奇登斯坦的作品往往和原本的漫畫很相近，但是他從來沒有真的完全仿造原本漫畫框的內容。他最著名的作品有《溺水的女孩》（*Drowning Girl*）、《轟！》（*Whaam!*）等。

190 阿道里夫・戈特利普：Adolph Gottlieb，一九〇三—一九七四，美國抽象表現主義畫家、雕刻家。曾就讀紐約藝術學生聯盟並在遊歷歐洲時進修於大修米耶學院。戈特利普追求空間和普遍性，在他的成熟作品中，他用一種簡潔抽象的形式展現空間感。甚至更進一步，把他受超現實主義影響採用的抽象符號佈置在前景和背景當中，創造出畫面的深度。戈特利普也被視為是色域繪畫和詩意抽象的先驅之一。

歸鄉之後——
全球草間，日本發聲　1975-2002
日本に帰ってから——日本から発信する世界のクサマ　1975-2002

日本和紐約的落差

在紐約生活將近十六年之後，我獲得了非常大的成果。在繪畫、雕刻、裝置、乍現等等前衛藝術的領域當中，「草間彌生」發展成一個不可限量、難以動搖的存在。

然而通往目標的路並不平坦，這也理所當然。每天緊張、不安、興奮、抗爭都接連不斷。就身為一位藝術家而言，我天天都在兩股力量之間劇烈擺盪，一方面是接二連三不停持續進行創作的充實感，另一方面則是不斷阻撓創作的壓迫感。

總而言之，過去我的創作都只侷限在畫室當中，乍現這種嶄新的活動，讓我在空間、經濟，以及表現手法上，都擴展到更廣的領域。乍現是以群眾本身為主角，得到的迴響非常隨興、立即又直接。此外，透過新聞媒體的報導，想要傳遞的訊息也可以散播得更廣。結果，乍現不僅存在於活動發生的瞬間，它還會引發更長久的迴響。

我把視覺或幻覺所產生的片段印象捕捉下來，緊接著把它轉化成為我的創作根源。為了在時代潮流當中把我的思想概念轉化成為藝術，我不擇手段。我陸陸續續規畫「狂歡派對」、「性解放」、「同志解放」、「中性時尚」等等活動。此外，我也寫劇本，寫了用美國國歌當序曲的音樂劇，還有把日本八岐大蛇[191]做為性圖騰寫進去的音樂劇等等。我也用美國國旗來設計禮服。

在落實思想的過程當中，我幾乎違反了所有的社會規則，進過監獄、接受過法院審判、也被FBI追捕過，經歷過紐約形形色色的生活。站在帝國大廈頂樓遠眺，在那種紐約獨有的蒸騰熱氣中，我被個人與社會、生與死之間那種不可思議的「糾葛」深深吸引。因此，我想要用藝術家的手段開創自己的未來，在自己所認知的社會中引發革命。

另一方面，這也是我擺脫心因疾病、自我復健的一種手段。因此在藝術分類上，那些社會既定的權威或是流行，和我的內在沒有什麼關係，這也是必然。「現在行動繪畫或者普普藝術正流行，明天趕快改變風格吧！」這種態度簡直就像百貨公司在更換櫥窗。我的創作沒有辦法這樣。

對我來說，我只是以活在當代的身分，努力吸取時代的氣息，想要向未來開一朵豔紅的花。就像蝴蝶尋覓死亡歸宿時會飛進荒山、春蠶吐絲，或者是花朵展現奼紫嫣紅的生命力那樣。

然而對於我的祖國日本來說，這朵花不管出現在任何時代都會變成異端。只要回頭看看歷史就會了解。不知為何，我所進行、所完成的事，在不知不覺之間變成了誤解和醜聞的焦點。只要我越認真，外界的反應就越糟。

就我面對社會的結果、就我個人身為前衛分子的立場而言，日本的體制和成規實在是太過堅固。團體虛偽的人性、對於政治的不信任、戰爭導致的人性喪失與混亂、大眾媒體的暴力、公害……如此種種都讓我感到非常痛苦。到頭來，精神退化總是遮蔽迎向未來的陽光。

這段期間，我在紐約搞壞身體，一九七五年二月我短期回到日本，住進新宿的醫院，接受手術治療。當時大概有三種病同時發作。

我原本打算稍事休息之後，馬上回紐約，所以也沒有特別去處理美國的房子。可是我總覺得光線很刺眼，還看到藍、紅、白三種顏色在我面前旋轉的幻覺，跟醫生討論以後，醫生也不清楚原因。身體狀況一直沒有康復，結果最後變成我留在日本生活。

我回到日本的那時候，覺得日本和紐約的落差實在是太大，簡直讓人發瘋。

無論一般社會還是大眾媒體，都還是保守得令人難以置信。不過畢竟我已經離開日本十六年，和那些天天住在本國、對生活習以為常的人相比，我對日本的改變當然印象更深。穿越時光隧道，看到眼前赫然出現、睽違已久的日本景象，讓我想很多。

有時候我會把旅行歐美各地感受到的社會風俗，和對日本的印象相互做比較，覺得差別真的相當大。譬如說，在我抵達日本當天，車站階梯上的人潮就讓人感覺非常不舒服。當我試著一個人一個人仔細觀察，發現大家的表情、服裝都毫無個性，和我想像中的日本人簡直有天壤之別。偶而發現比較亮眼的人，但是對方其實也只是在模仿美國或法國時尚雜誌。

這些人一個一個消失到壅塞街景的小公寓裡不知去向。房間裡，電視流瀉著相同的廣告聲；他們的生活方式、思考方式整齊劃一，每個人都像遠古以前那樣，想法毫無個性，真的讓人束手無策。

走在路上，也讓人懷疑這裡到底是哪一國。毫無個性和美感的醜陋建築全部擠在一起，既不是義大利、不是法國、不是美國，更不是日本。

日本失去自己傳統的美感，現代變成一副醜樣。我一點都不希望日本變成這樣。

「進步和現代化一定會替日本人帶來幸福。」話是可以這樣說嗎？這樣做只是讓人覺得人民的心和自然環境都被公害和噪音擾亂而已。在這個過程當中，他們自己並沒有發覺人民的心已漸趨荒蕪。

我四處走動，想要尋找日本式的寧靜、美麗的自然、纖細的人情、淳樸沒有摻雜異物的事物，尋找那些正面、純粹的傳統。可是，我也深深感受到日本成為經濟強國之後，失去了好多好多。

這種事情不只有我這浦島太郎[192]在說，許多評論家在報紙或電視上一定也都常常在提。儘管如此，這種現象還是以暴力的方式不斷擴大。我越來越覺得日本的政治根本不是在為人民著想，只是政客和部分資本家在欺騙大眾。

文學家、藝術家、還有一般大眾，面對這種狀況到底是什麼反應呢？

即便情況如此，我在街上看到的日本群眾依舊保持沉默、面無表情。他們在重大危機引發的不景氣、通貨膨脹，以及惡政之下隨波逐流。

我對東京感到絕望，於是回到我的故鄉。結果我去百貨公司買東西的時候，大吃一驚。我懷疑自己的眼睛，心想：現在真的是在日本嗎？在賣衣服的地方，所有東西都是把英文轉成片假名[193]，或是直接用原來的英文，即使東西是中國製造的，也用英文標示。音樂也是紐約的搖滾樂，氾濫的外文和進口的舶來品多到令人生厭。

明明只是要賣衣服給山區城鎮的女人，為什麼一定要搞到這個地步呢？還是說這些女人忘記日文應該要怎麼說了？又或者，這裡難道是美國的殖民地？我只覺得這一切都充滿了低人一等的傾向。

我在日本阿爾卑斯山山腳一間安靜的食堂加點一碗白飯。結果侍者確認餐點的時候說：「Rice，one對嗎？」請教他盥洗室在哪邊時，他也回說：「耶？您說toilet嗎？[194]」

打開電視，英文也是非常氾濫。賣的明明是日本產品，廣告卻做得像外國產品一樣。我從住了那麼久、習慣說英文的國家回來以後，為了跟隨這種現象，搞得自己筋疲力竭，實在是受夠了。每次只要看到英文，我都要暫停想一下，然後才慢慢明白，「啊——原來是在說那件事」，非常費事，可是又沒辦法。我簡直就像從紐約來日本的鄉巴佬那樣，對於現在日本這種最新的狀況感到困惑。

父親新盆[195]時，我回了一趟故鄉。我朝思暮想的故鄉。我那精力充沛的父親年紀大了，走了，再也見不到了。許許多多的親朋好友們，也都已經不在這個世間。自從我去美國以後就再也沒見，永遠分離了。大部分過去的同學也都不知下落。

以前國小旁的堤防和小溪，現在變成混凝土，沒有魚了。以前游泳的河流現在被工廠污穢的廢水弄混濁。我就像浦島太郎那樣，經歷長年的流浪回家之後，兀自感受失去的歲月與孤獨。故鄉已經變了。大自然的群山，從山腳到山腰的部分，為了道路施工被狠狠削掉一片，露出醜態。

面對十七年不見的日本、東京和故鄉，我真的是徹底感到失望。

神祕故土之雪

然而經過一小段時間之後，我的印象慢慢開始改變。總而言之，在老家松本過年改變了我的看法。

看到許久不見的信濃[196]雪景，感覺分外不同，彷彿入夢。我伸手掬起眼前飄落的雪，仔細端詳，二十幾年前賞雪的記憶，又再度被喚醒。感覺簡直就像是返老還童那樣，內心又興奮起來。

在全世界旅行的過程中，我曾經見過許許多多不同國家的冬天。德國的雪景很寧靜。相對地，荷蘭的雪景則伴隨著席捲的狂風，看起來簡直就像是大畫家彼得・布勒哲爾[197]筆下那種戲劇性的背景一樣細緻。

其中有一次冬天讓我印象特別深刻，當時正值義大利個展結束，我搭火車周遊歐洲各國。我先從義大利米蘭搭車，遠眺側面的科摩湖，進入瑞士山區以後，雪景更是迷人。在觀景纜車上，啜著熱騰騰的檸檬紅茶，看雪山無垠的景致向列車兩側舒展，真的是令人歎為觀止。

時間再往前倒退一點，當時我正在準備挑選作品，去參加義大利主辦的國際展。當時我從荷蘭阿姆斯特丹出發，和一位義大利女建築師兩個人開車越過瑞士的山脈。汽車後座和行李箱裡，全都是我們周遊各地收集的國際最尖端的繪畫作品。

義大利展覽非常盛大，有很多一流的創作者參加，可是籌備起來很辛苦。當我為了工作，翻山越嶺前往義大利的時候，已經是隆冬時節，大雪唰唰傾盆落下。道路一邊山峰聳立，另一邊是萬丈深淵。掌控方向盤的新銳建築師是位霸氣又活潑的女人，設計出的每件作品都比男人所設計的規模還大。

那是一趟縱貫歐洲、在車裡大聲唱歌喧鬧的旅程。管他時速多少公里，我們都全力狂飆，被警察攔過好幾次。建築師手握方向盤，光聽廣播的搖滾樂還不夠，從頭到尾一直叫我唱歌，陪她說話，非常任性。她開車太累，如果不跟她說話的話，可能會打瞌睡。

我們開了好久好久，在七彎八拐、險峻無比的山路上飛快奔馳。我們喝熱咖啡，天南地北大聲亂聊，藝術啦、文學啦，拼命一直說。其實我覺得很睏，可是一旦安靜下來，她就會恐嚇我說：「彌生，怎麼啦？繼續說話嘛。我睡著的話，就會把車開到懸崖底下去喔。」

車子只要稍稍偏向路邊，掉進山谷一切就完了。因為暴風雪的關係，路上也看不見燈，唯一可以依靠的就只有汽車的車頭大燈而已。四面一片漆黑。我們把手槍藏在車子裡面，彼此說好：「只有兩個女生出門，一旦發生什麼事的話，就用這個。」然後就這樣翻越冬天的阿爾卑斯。

車頭燈映出壯闊的瑞士溪谷，看著看著，讓我想起故鄉信州。信州被人稱為日本瑞士，現在也和這裡一樣是冬天。從前的朋友和家人不知道變成什麼樣子了？童年那座覆雪的日本阿爾卑斯山在心底隱隱浮現。從松本車站邁向世界以後，我在世界畫壇忙得焦頭爛額，難以如願滿足自己對家鄉平靜生活的依戀。

我在世界各地奔走，沒有餘力到日本旅行。每天搭飛機、火車、船、汽車到美術館，到公開的國際展、美術學校、市民會館、大學進行美術講座，上電視，在各個國家之間來回。

回到松本，靠在暖桌[198]上，吃過年的年菜，眺望鉢伏山[199]……這些從未想像過的事情在現實中發生，對我來說，簡直就像是一場人生的乍現。

可是重回昔日啟程的松本車站，我感受到的並不是常年烙印在我心上那滿覆白雪的神祕故鄉。我為自己的錯覺感到困惑，感覺自己彷彿是混在東京池袋、或者是新宿地下街的人潮中，是一個和那個地方完全沒有任何關連的過客。對於鄉間都市化的發展，我一方面感到高興，然而另一方面又發現自己為了追尋信濃之美不得不四處奔走，而被迫去思考這個問題。

正當我感到內心空虛的時候，銀色的細雪從天而降，覆上大地。看到這美麗的景象，讓我驚覺這正是當初自己翻越瑞士阿爾卑斯山時，心頭所浮現的故鄉。我非常感動，覺得自己的內心歸宿應該就是要這麼神祕才對。

邊走邊尋覓冬天腳步的我，為了寫一首高原的詩，漫步在河岸郊野上，遙望天際，大理石的天色下，飛雪下個不停。紛亂銀雪背後，是看起來如一片煙嵐的山景。

紐約生活可以說是美國文化的象徵，是喧囂的大都會，是閃耀的文化融爐。我就生活在其中。

那裡什麼都有。從莎士比亞劇場（在那裡還可以看得到杜斯妥也夫斯基原作改編的《白癡》）、亞瑟・米勒[200]、楚門・卡波提[201]，一直到垮世代聚落中心的劇場。我幾乎每天晚上都在跑。

格洛麗亞・斯旺森[202]將近八十歲依舊登上舞台，看完百老匯《蝴蝶小姐》[203]，她那全心全意將生命奉獻給表演生涯的精神，真令我感佩。可可・香奈兒以一介女流的身分引領巴黎時尚，個人生涯被改編成音樂劇，我也看了。每天晚上都是戲劇之夜。

這段期間，美術館的各種展覽以及畫廊的個展，我也一一前去參觀，從埃及藝術、新藝術[204]，一直到美國的藝術與工藝運動[205]，我都非常熱心研究。

好學的精神後來越演越烈，我跑去第五大道的紐約市立圖書館和哥倫比亞大學附屬圖書館，從希臘神話到莎士比亞借了一堆書。扛著沉重的書本，搭地鐵回到工作室之後，徹夜沉迷讀到天亮。清晨窗戶轉白，我才發現「啊，已經天亮啦」。這時候離開書桌去廚房喝的咖啡最美味。

我在紐約的生活就像這樣，天天都在創作、閱讀與看戲中度過。不知道是不是過度沉迷，最後自己還寫起音樂劇的劇本，創立了一間音樂劇製作公司，並且召募許多團員——也就是所謂的草間舞蹈團。

我自編自導的戲劇和乍現活動，在紐約進行演出時聚集了四千名觀眾。場地選在「菲爾莫東劇院」，那是紐約排行前三名的大劇場，連B. B. King[206]和米克・傑格[207]等人都曾經在那裡表演。我的戲在演出第一天的時候，非常不巧，我剛好感冒發燒到三十九度，表演結束時，我已經整個人癱在後台。

此外我也受邀到紐約大學藝術節，以及專攻美術和文化的知名學府——如社會研究新學院[208]等地的藝術節，藉由我總體的藝術概念，把我的乍現、前衛時尚秀、劇場等等展現給藝術學院的學生和其他大學生看。

當時跑來我辦公室借閱資料的學生很多。他們是紐約大學等學校的美術系學生，畢業後會成為高中的美術老師，個個都是好學的年輕人。他們用藝術性甚至是哲學性的方式，來教授我的乍現演出。

然而，日本週刊雜誌對於我的藝術，則是完全用相反的角度在處理。他們從紐約的日本藝術家那裡，接收到一些扭曲的傳聞，把那些小道消息原封不動寫成報導。我的母校松本女高甚至還有一些同學會的成員努力進行連署，想要把我除名。

我回到故鄉，聽到很多好友家裡都有不請自來的運動員跑去要求連署，這種鄉下人的心態實在是讓人難以置信。我雖然努力用自己的生活方式過活，可是心裡也已經覺悟，不知道哪天這樣的事情可能又會再度發生。這就是前衛藝術家背負的命運。

出類拔萃的藝術家

待在紐約的時候，我為了繪畫和藝術的事情忙得不可開交，老實說，即使到冬天，也都完全沒空悠哉眺望雪景。日以繼夜被國際展的截稿期、還有創作計畫追著跑，每年我都期望說哪天可以放慢腳步，去布魯克林的植物園看看日本櫻花，回味一下故鄉的春光，可是最後都沒有辦法實現。

人家說我是藝術之鬼、創作之鬼。只要專心投入創作，一天一下就過去了。

我這個人太過前衛，每次都是提早十年、三十年走在別人之前，常常被其他人誤會。移居到紐約的日本藝術家非常多，有一些人連召開個展都很困難。基於日本人特殊的島國個性，當這些藝術家面對那些從日本來的記者和美術館人士時，就是會有人一直去挑其他人的毛病，說話誇大其詞，完全不在乎別人會不會感到困擾。

這種人應該是對自己的創作沒自信，只顧自己的利益，所以才會懷抱狹隘的個人主義。他只會說自己的好話，無憑無據就對其他紐約的藝術家說長道短。這種像三姑六婆一樣的吹牛男子，實在是很難想像他也會雕刻石頭，做那種很有男子氣概的事，只能讓人苦笑。

長年在紐約生活，我感受到美國社會和日本社會的不同之處在於，美國的藝術家身為一個人、身為一個社會人的「成熟度」相當令人敬佩。這些藝術家在美洲大陸孕育出寬闊的心胸，相當值得我們好好學習。

歸鄉之後——全球草間，日本發聲　1975-2002

日本に帰ってから——日本から発信する世界のクサマ　1975-2002

我在美國、歐洲和加拿大遇過數百位藝術家，跟他們彼此相互幫助和勉勵。在這些過程當中，我覺得最重要的就是大家彼此互相尊重。這點和自我的精神自由解放是息息相關。

旅行世界各地途中，我最享受、最感興趣的就是遇到優秀的藝術家，看到許許多多精彩的藝術品。瑞士、德國、荷蘭、義大利、美國……無論是年紀一大把已大限將至，還是沒沒無名，到處都有作品非常傑出的創作者。

從歐洲小鎮到瑞士山中，從義大利的古城到巴黎的郊區，我還走訪世界知名藝術家的畫室，直接看他們如何工作，和他們一起吃飯，探索他們的工作現場，渡過快樂時光，那些友情至今教我難忘。

我到世界各國看了不知多少最優秀的風景畫和靜物畫，回到久違的故鄉老家後，我鑽進暖桌，張望整個房間，不禁啞然。牆上的素描線條歪七扭八，就連外國美術學校的學生畫的都還比這好一點。還有那些看起來比三流畫家晚上賣藝打工畫得還要糟的風景畫，無論就經歷、名氣、才華、或者原創性任何一點來看，都趨近於零。我母親長年花大錢購買當地一些畫家畫的油畫，內容就是這種程度。我估計以這些畫每一張的價格，都可以在瑞士或紐約買下好幾張某某人的優秀作品。

我自己收藏的作品有引發騷動的義大利夢幻藝術家皮耶羅・曼佐尼、美國的世紀藝術家喬瑟夫・科奈爾、有歷史代表性的伊伕・克萊因、席捲歐洲美術界的封塔那等。我買的這些作品都比我家在松本買的那些雕刻和油畫便宜許多。

我的收藏當中有很多具歷史代表性的畫家。他們的大作可以用十萬日圓買到手。甚至還有那種登在神田古書店畫冊上的作品。其中有具象的風景，也有抽象畫。長年在世界各地遊歷讓我培養出銳利的眼光，畢竟我看過全世界好幾萬件藝術作品。

況且，歷經二十年左右的歲月之後，再度體驗故鄉的神祕之雪，也讓我更加明白：即使松本被文明污染，只要用心去找，還是會有很多美麗的林野。那些令人心醉神迷的自然景致依舊還在。

譬如那些在原野上隨風搖曳的草，枯草的姿態，午夜院子裡無限深邃的光……其中讓我最感訝異的，是雪花自由變化所引發的空間性的動態趣味。

信濃的冬天很美。放眼望去，遍地銀霜，朝陽映照其上。山脈的稜線由淺紫漸漸轉綠，杉林、樹木被雪壓彎了腰，遠望像銀色的畫卷一樣。林後現身的朝

●●●●●

陽將雪分解成閃爍的光，四散成億萬條銳氣，刺向四面八方。最後，青空越來越藍，藍到漫無邊際，穿透到宇宙深處再深處。

夏天也有夏天的美。空中的白雲靜靜在小溪的水面飄移，小魚的鱗片在日照下泛光。積雲在遼闊的蒼穹裡膨脹，像一朵盛開的芙蓉花。

秋有秋色，將層層疊疊的山脈覆滿金絲銀線。豔麗的紅葉包覆山頭，木葉褪成金黃，豔麗到令人目盲。天地在西沉的夕陽下循序變色，單看一景就值回票價。

春日，櫻花連綿不絕沿路綻放，落英吹雪，悉窣落下。走在林間，臉頰就會輕觸飛旋的落花。自然不會衰老，它操控著春夏秋冬四季循環，不停拓展美的邊疆。

信濃必須用「絕品」一詞才足以形容，擁有這樣的靈魂歸宿，是我最大的驕傲。故鄉舊友的溫暖和人際間美妙的交流，讓我的心獲得平靜。故土熱烈的人情，又比信濃的自然風光更棒。

過去我拋棄故鄉，啟程前往美國，在完全出乎意料的狀況下，我又重新被故鄉的自然和人群所接納。然而，待在這裡一直接受別人照顧並不是我的作風，這件事情我自己最清楚。

重新和日語相遇

我在東京很快就大張旗鼓重新開始創作。這個東京也不是日常習見的東京，而是醫院開放式的病房。我在醫院對面設了一間工作室，每天就這樣往返於醫院與工作室之間，繼續創作。

醫院的生活相當規律。早上起來七點檢查體溫，晚上九點就寢。我每天早上十點會進工作室，一直創作到傍晚六、七點左右。因為我非常專心，所以自從我回到日本之後，我又恢復產量，創作出許許多多的作品。

一九七五年十二月，我在東京的西村畫廊[209]舉辦歸國後的首次個展「從冥界傳來的死訊」。當時展出了許多拼貼作品。

早在我前往美國之前，還待在松本的時候，我就曾經剪碎紙片，組合貼圖，或者是收集一堆石頭裝進箱中，為這類的事情著迷過。我家後面就是河岸，我每次跑去那邊都會把石頭疊起來，或者隔著等距離計算石頭，自己玩這類的遊戲。在我開始創作很久很久以前，我就已經有這種「反覆」的視點。這件事情後來發展成我創作表現的根源——也就是「反覆與增生」的概念。

一九七五年我創作的是拼貼作品，然後從一九七九年開始創作版畫。過去我對版畫這種表現手法沒有什麼興趣，可是自從我認識了印刷師岡部德三先生[210]之後，就開始做絹版印刷。後來我就一直持續創作版畫，並從一九八四年開始和木村希八先生[211]合作，開始嘗試平版印刷[212]和蝕刻版畫[213]。

舉例來說，一九九五年，我以自傳性的主題，集中創作蝕刻版畫作品。其中有一幅名為《紀念照》，呈現十四位女性並排站立的構圖，可是這十四個人全部都是我的自畫像，都在表現我自己。

我就這樣接二連三挑戰新的表現手法，把它們內化成自己的一部分，不斷向外拓展「草間彌生的藝術世界」。

其中一個嘗試就是在一九七八年寫了第一本小說《曼哈頓自殺未遂慣行犯》，由工作舍出版。

我從十歲以前就開始畫圖，寫作也是從小學開始持續至今，過去也曾榮獲長野縣的作文徵選等比賽。二十歲左右的時候，我寫了很多詩和小說，雖然暫時成為藝術家，可是過去我也曾經猶豫過是否要當個小說家。

對我而言，無論是用藝術來表現，還是用文字來表現，根本上是一樣的，兩者都可以開拓人類的精神領域。無論是怎樣的創作，我都以前衛做為自己的目標。

打從一九五七年東渡美國以來，我一直都以世界前衛藝壇的旗手身分，全心全意投入藝術活動，在世界各地東奔西跑。這段期間理所當然都是說英文、用英文思考，甚至用英文自言自語。

由於回到日本的關係，我和荒廢已久的日文再度相遇。藉由使用日文創作小說和詩，我發現了自己在藝術創作過程中未曾發現的另一個新面向。我涉足的領域再度擴張，自己的靈魂也被置於新的立場。

雲朵在黎明的曙光中千變萬化，天空展現的精巧圖像，讓地上的我們為之咋舌，可是這個世界上還有比這更強烈的事物，那就是人生百態、死亡逼近的氣息、愛、生命的光輝與傷痕、宇宙奧妙的姿態，以及神祕感漫漶的空間、時間、距離。聳立在這些事物背後的，到底是什麼呢？

我想要用久別重逢的日文，來創造自己對於這種未知的強烈憧憬，以及精神的揚棄[214]。

從早上十點到傍晚六、七點，我在工作室努力創作藝術作品。晚上回到醫院之後，則開始向文學前進。這就是我每天的工作。

我使用語言做文字創作時，和創作藝術作品時一樣，意象會不停湧現，接二連三溢出。有時候一天甚至寫過一百六十張左右的稿紙。在《曼哈頓企圖自殺慣犯》當中，我戲仿《百人一首》[215]寫了〈草間彌生白話版　男色百人一首〉的詩，不過那大概花兩天就寫出來了。這本小說處女作也像神靈附體一樣一氣呵成，在短短三週之內就完成初稿，接著就直接以此為定稿。

這本書收錄了赫伯特・里德先生的序以及瀧口修造的後記。瀧口先生的文章以〈妖精啊，永遠陪伴我們吧〉為題，在此引用其中一小片段：

「在漫長的遊歷之後，你又再度在我眼前出現。這不是夢。如果是夢的話，那這應該是一場留下明確信物的預知夢吧。（中略）

所謂表現，就是把內在的意念投射到這個世界中，就是發自個人，對這個世界聲明自己的存在。與其說草間彌生的表現到底有什麼存在價值，不如說

> 她擁有的是以客體身分存在的自由。即使它代表的絕對不是一般世俗所謂的幸福。外國人能夠撇開對草間作品的諷刺，正確替她的作品作評價，這正是因為它的存在價值被國外認可的關係。然而這一切都只是表象呈現的一種結果。（中略）
>
> 如果這個世界上真的有妖精，那祂們一定不怎麼討人喜歡。恐怕祂們還得拼命爭取自己的生存權力，才有辦法待在凡間。為什麼要用妖精做比喻呢？這是因為『祂們』命中註定必須要在主體和客體之間生活。『藝術』具備流動性，卻又擁有固定的名稱，這種活動是否已經被既定的互動模式箝制，無法再提示我們注意自己身旁的變化了呢？妖精啊，希望你永遠陪在我們身邊。」

一九八三年，我的小說《克里斯多夫男娼窟》獲得了角川書店主辦的第十屆「野性時代新人文學獎」[216]。當時的評審委員有三田誠廣[217]、高橋三千綱[218]、宮本輝[219]、村上龍[220]，以及中上健次[221]。五位評審委員全都為我作品打了最高分。

我和村上龍與中上健次在那之後也建立了個人的交情。村上龍在某次訪談當中，稱我為「天才」，說到「草間彌生的小說透過強烈的心理張力，賦予活在正常世界和極端異常世界之間這件事一種無邊無際的真實感，在這部分她可以說是無與倫比。」

一九九一年，村上龍原著、並親自擔任導演的電影《黃玉》[222]開拍。我和他的交情發展到甚至去友情客串。

獲得這個獎可以算是「小說家・草間彌生」在文壇正式登場的某種象徵。後來我的文學熱忱越來越濃，陸陸續續寫了一些小說和詩集出版。

以下條列出這些作品的書單：

《克里斯多夫男娼窟》（クリストファー男娼窟，收錄〈克里斯多夫男娼窟〉、〈隔離布幕的囚犯〉、〈屍臭金合歡〉），角川書店，一九八四年發行。後由而立書房一九八九年再版。

《聖馬克斯教會大火》（聖マルクス教会炎上），PARCO出版，一九八五年發行。

《天地之間》（天と地の間，收錄〈天地之間〉、〈女人園〉），而立書房，一九八八年發行。

《伍茲塔克陰莖斬》（ウッドストック陰茎切り），沛遊特工房，一九八九年發行。

《心痛的吊燈》（痛みのシャンデリア），沛遊特工房，一九八九年發行。

《殉情櫻塚》（心中櫻ケ塚），而立書房，一九八九年發行。

詩集《哀愁至此》（かくなる憂い），而立書房，一九八九年發行。

《鱈魚角的天使們》（ケープ・コッドの天使たち），而立書房，一九九〇年發行。

《中央公園的毛地黃》（セントラルパークのジギタリス），而立書房，一九九一年發行。

《徬徨在沼地》（沼に迷いて，收錄〈徬徨在沼地〉、〈棄嬰草原〉），而立書房，一九九二年發行。

《紐約故事》（ニューヨーク物語，收錄〈紐約愛滋〉、〈下城區〉），而立書房，一九九三年發行。

《螞蟻的精神病院》（蟻の精神病院，收錄〈螞蟻的精神病院〉、〈雙性戀〉），而立書房，一九九四年發行。

《堇花妄想》（すみれ強迫），作品社，一九九八年發行。

《紐約'69》（ニューヨーク'69），作品社，一九九九年發行。

無論是創作藝術，還是撰文、寫詩和寫小說，都是我追尋自我的方式。

為了百年後的某人

自從我有記憶以來，我已經花上好幾十年不停繪畫、雕刻、寫文章。可是老實說，我並不認為自己現在已經成為一位藝術家。回首過去，這些都只是用筆、畫布、還有各種材料奮鬥的一種修行過程。

我的目標是遠方燦爛閃耀的那顆星。只要抬頭仰望，自己彷彿就飄揚到更遙遠的地方。我就這樣眺望炫目的星光，依靠自己的精神力量和內心深處那股求道的赤忱，撥開人世間的混亂和迷惘，盡可能朝靈魂的所在努力邁進。

仔細想想，我並不認為藝術家、政治家或醫生之類的職業特別高人一等。以前讓我最感動的一件事情，就是看到身障者在復健中心使盡全力，花一整天栓上三個小螺絲。他們藉由這小小的工作，努力做給神看，證明自己有好好過活。他們就這樣用自己的身體去感受，眼睛充滿生命的光。

藝術家只不過是在從事藝術工作，並沒有特別比其他人優秀。身處在這個被虛妄愚昧掩蓋的社會中，不管你是勞工、農民、清潔人員、藝術家、政治家、還是醫生，只要大家可以一天比一天更靠近自己生命的光，並且對生命更謙卑，就是人類活得更像人的一種成就。

現在大部分的人都在追求口腹之欲、淫穢低俗，以及經濟成長，為了飛黃騰達彼此傾軋、心神不寧。在這樣的社會中，背負著沉重的負擔追尋崇高，其實是更危險，也更困難。可是正因為如此，我才想要更接近靈魂的光。

譬如說，有很多人可能是這樣思考：梵谷的畫可以賣幾十億很了不起，梵谷有精神病，不過因為他是天才，所以特別優秀……可是用這種角度來看梵谷是行不通的。此外，日本的精神醫師也常有過度爭論梵谷是精神分裂還是癲癇的傾向。就我個人而言，儘管梵谷精神有問題，他的創作依舊個性飽滿，帶有強韌的世俗美，並且彌漫著一股追尋真理的熱情。這種東西才是最耀眼的精華所在，顯示出他澎湃的人生姿態。

我立志想要成為藝術家。對我而言，要戰勝這個不合理的世界，就等於是要戰勝自己被逼到死角的窘境，這也是身為一個人誕生在這個世界上的考驗。我想要用全部的自己去面對，畢竟這種遭遇也是人生的一種命運。

天意註定，我要為神而活。歷盡艱辛，每天守身如玉。隨著歲月過去，日復一日，意識死亡迫近。

我謙卑地感受到在宇宙的視野中，人類不過像是蟲豸一般。我想要更努力修行，接近靈魂之光，想要提升自己未來的心靈高度。因此我選擇藝術做為一種修練的手段，這是我窮盡一生的志業。只要在我死後百年能夠有某人了解我的心，我就會為那一個人繼續創作。

我就是抱持著這樣的想法畫畫、雕刻、寫文章。

家嚴嘉門先生過世九年後，一九八三年十二月，家慈茂小姐也離開人間。母親終身既是歌人[223]，也是書法家。整理母親遺稿時，我發現了下面這些和歌：

紛紛不堪數　故舊化塵土　一年噓唏有時盡　吳風[224]繽紛空自舞

呴呴兮暖陽　招招春草萋　何妨溶溶踏雪泥　信步炫目光之堤

夜中不成寐　翻身響眠床　列車叱叱山頭遠　餘音裊裊月下亡

我把母親這三首和歌以後記的方式收錄在《殉情櫻塚》書後。我對父母的感受，就算耗盡千言萬語也說不完，不過，我還是想要在自己的作品中收錄母親創作的歌，透過這種方式捕捉對父母的片段回憶。

我抱著愛恨交加與千頭萬緒的思緒一直活到今天，然而我現在想的卻是超越這一切。是我的父親和母親讓我得以活到這把年紀。生死的幸與不幸、操弄現世年月的社會機制、還有慘烈的景象……他們讓我見識到這些，進而讓我對身而為人的大智慧和真理產生憧憬與體驗。因此現在，對於生下我的，我最敬愛的亡父和亡母，我由衷感謝他們。

汝死後　獻給我的父母

汝死後
靈魂在浮雲之上

沾染虹光之塵
瞬息消逝

然則吾與汝
愛與恨的無盡鬥爭　到頭
是否再無下文
亦未可知

吾生為人子
死別　花徑中
足跡寧靜
夕照雲端
亦萬籟無聲

日本過去在七〇年代對於「草間彌生的評價」，都是「醜聞女王」、「不要臉的藝術家」、「裸體的幕後黑手」諸如此類，非常膚淺低俗。這些大眾新聞媒體塑造的形象，一到八〇年代突然大幅轉向，因為全世界都開始流行裸體乍現和人體彩繪。

一九八七年三月，福岡北九州市立美術館[225]首度召開我的回顧展，這次展覽具有相當大的意義。當時展出的作品，從一九四八年我十九歲起，橫跨四十年，涵蓋水彩、拼貼等四十六幅完稿的平面作品，以及三十三件立體作品，總計七十九件。

這些作品跨越漫長歲月，展現出我創作的多樣性，遍及各式各樣的領域。把它們聚集在一起展出，對於理解「草間彌生的藝術」來說，會有很大的幫助。原本對於前衛藝術極其冷淡的日本大眾媒體，終於徹底改變他們對我的評價。並且，在這段展期前後，富士電視台、NHK、還有東京電視台的電視報導，也瞬間拓廣了大家對我作品世界的認識。

這種現象甚至蔓延到全世界。一九八九年九月，紐約的國際當代藝術中心（CICA）以同館的開幕紀念展名義，召開了「草間彌生回顧展」。這個展也成為美國對於「草間彌生藝術世界」重新再評價的重要展覽。

因為當時我非常吹毛求疵，結果害ＣＩＣＡ延期開幕。這是因為ＣＩＣＡ的工作人員注意到我那些沒有丟掉的信件和筆記資料，整理起來相當繁雜，所以才趕不上開館日期。

最後那個展覽展出了非常充實的資料，雖然亞力珊德・夢露[226]和卡利亞[227]替我撰寫的簡歷中還是有許多錯誤。從喬治亞・歐姬芙寄給我的信，一直到喬瑟夫・科奈爾一天多達十七封的情書，在當時都是第一次公開展出。許多新聞媒體對於這次回顧展都給予相當高的評價：

「除了呈現草間彌生研究的第一手資料之外，同時也讓我們發現新一批美國戰後藝術的貴重史料。」

這個回顧展從九月一直展出到隔年一月，展期相當長，吸引了大批觀眾參觀。此外《美國藝術現場》（*Art in America*）[228]這本雜誌也以我為主題，做封面特別報導，這也是日本藝術家首度有此殊榮。

我為了出席這次回顧展的開幕典禮，重回離開十六年的紐約。可是十六年不見，紐約完全變樣，簡直難以想像我抵達的是那個過去展開五花八門活動的舞台。不但毒品氾濫，很多地方還荒廢成貧民窟，完全找不到過去那種活力。

當我走訪美術館的時候，發現一件令我更震驚的事。那就是美術館和我待在美國的時候差不多，一點長進也沒有。沃荷、李奇登斯坦、吉姆・戴恩[229]……這些人這四十年間都在做一模一樣的事情，就這樣被認可。我多多少少為紐約這種安逸狀態感到驚訝。日本雖然盛大宣傳紐約美術界的明星藝術家，可是這只是一種幻象。到處都看不到新的藝術創作。

然而即便如此，紐約終究還是紐約。和日本相比，文化包容力的等級還是相距懸殊。看看紐約之後，真的會覺得在日本推動當代藝術創作的力量還是非常非常微弱。

孕育本土文化的思想

我總覺得日本像是個有錢的鄉下大村莊。東京和紐約相比，在自由和原創力方面都落差很大。東京是一個縱橫平面的世界，人與人並沒有辦法直接相互連繫。紐約則有東京沒有的縱深，這部分和日本完全不同。所以大家才會那麼憧憬去紐約。到頭來，紐約這個城市的縱深也培養了我的創造力。況且紐約的乍現和地下電影也都相當興盛。

近來外國藝術經理人和藝術家經常頻繁出現在日本。因為有很多我待在美國創作時認識的畫家和經理人跑來，所以我也經常和他們見面。我問他們說：「幹嘛那麼大陣仗特地跑來日本？難道你們紐約的資本主義垮台，生意做不下去了？」結果他們回答不是這樣，只不過是因為在日本，就算價格抬高十倍還是可以賣，覺得很有賺頭，所以才來東京。大家異口同聲這樣說，一點都不覺得臉紅。

結果日本人到最後不過是被當成笨蛋。去夏威夷像攤開鈔票灑錢那樣買高爾夫球場，看到既沒沖水馬桶、又沒電力設備的歐洲城堡，也出比市價高好幾十倍的價錢買。因為錢太多，滿腦子都是賺錢的事，結果內心就變得很貧乏。

國外都說，如果不是日本人出價，拍賣梵谷的《向日葵》只要用三分之一的價格就能買到。拍賣場上只要知道買家是日本人，他們就會叫同夥喊價競標，把價格炒高，這已經變成是一種常識。

明明有那麼多錢可以用來好好整頓自己國內培養文化藝術的制度，可是他們卻完全沒有遠見。國外的收藏家把印象派的作品用天價賣到日本，並不是因為自己經濟遭遇困難才這樣做，而是因為他們要用這些錢來培養自己國家的當代藝術，這是他們為了推廣藝術風氣所做的一種投資。

日本前衛藝術家是最吃虧的一群人。外國那些不怎麼樣的藝術家大舉入侵，弄到幾千萬、幾億大受歡迎，這樣一來，就算是日本的年輕藝術家想要做些什麼，一定也只會被人家看不起，不被大家接受。單單因為對方金髮碧眼，作品價格就可以賣得比本國創作者高十倍以上，這種事情在國外完全無法想像，可是在日本發生卻好像理所當然。我覺得必須要針對這種扭曲的狀況多多發聲才行。

日本根本完全沒有藝術經理人想要培養本國藝術。雖然有藝術行銷這個產業，可是卻沒有人在培養超越時代的藝術家。這種一味向錢看的狀況，不只出現在藝術經理人身上。我希望美術館、經理人、藝術雜誌等行業的相關人士，每個人都可以把提升文化的念頭放在心上，賭上自己的性命，向文明下戰帖。

現今主導藝術圈的制度實在是太古老了，腦袋古板的人只會否定年輕人心胸開放的奇思異想。在世界各個先進國家當中，日本是文學和當代藝術最落伍的國家。

心胸不開放的話，是無法發展當代藝術的。日本這個國家的土壤對於培育當代藝術來說相當差，藝術領域現在依舊處於被外國殖民的狀態。現在有很多人都是因為國外這種畫很賣，所以才模仿那種風格。

說到人才，與其說要是要去尋找人才，不如說是必須培養人才，人才是會受環境影響的。不過雖然我認為應該設法做點事，可是那些掌握權力的傢伙，無論是企業還是美術館，每個人都很頑固，政治家更是空虛。這些人只是在操弄心胸狹隘的國族主義，根本就從來都沒有認真想過要培育思想、藝術，針對當代藝術做規畫。日本人就算有錢，也沒有相應的現代文化和思想。

那些有志於藝術、想要開創一片天的年輕人也一樣。雖然材料、科技、影像之類的東西全部都掌握在手裡，可是思想卻非常貧乏。如果沒有空間可以讓年輕創作者召開一、兩次個展的話，也不會有什麼藝評家能夠給予他們正確評價，替他們寫文章。在這種狀況之下，想要培養創作者非常困難，只是不停被打壓。

去接觸年輕藝術家，對他們說：「你的作品真是令人感動，我會支持你，請繼續加油。」這種人到底有多少呢？這張圖到底值不值錢啦、你沒有和畫廊合作不行啦……如果大家都是這樣思考藝術的話，那就糟了。我真的越來越覺得日本這個國家很扭曲。說什麼文化水準如何如何，根本只是比原始叢林好一點點而已。

回到日本的時候，我受到很強的文化衝擊。在國外那段期間，我想日本既然成為經濟大國，應該會培養出某種開創性的現代精神，還有和大國平起平坐的民主主義才對，可是現實卻完全相反。我根本搞不清楚自己創作的作品，在日本這種社會到底能夠打動人到什麼程度。

可是我也只能貫徹自己的路。我改變自己的態度，至死都要貫徹自己的主張。即使在這片廢墟當中遭遇痛苦和悲傷，只要我能盡全力在藝術中表達自己的思想，那就夠了。百年以後，若是有人看到我的作品，認為草間做得真是不錯，我就滿足了。藝術就是我的信仰。

「草間復興」的時代

一九九三年，我以日本代表身分正式參加第四十五屆「威尼斯雙年展」。仔細回想起來，從我一九六六年游擊性參加第三十三屆「威尼斯雙年展」算起，隔了二十七年才真的正式受邀。

二十七年前，一九六六年，我以《自戀庭園》參展的時候，和雙年展的策展長官討論，以同等資格獲得一個展示空間。當時我跑去佛羅倫斯的工廠訂購鏡面球，回旅館才發現得了重感冒，可是因為年輕，所以一天就好了。

當時我沒有錢，所以是先下訂單，後來才透過路奇奧・封塔那替我調度資金。那筆錢我一直沒還，一直掛在心上，可是後來他過世，就這樣失去了還錢的機會。

從那時候開始算，過了二十七年，我才正式成為日本代表。我推出了《鏡屋與自我消融》、《流星》、《花瓣》、《粉紅船》以及南瓜裝置等共計二十件作品。

在當時，我的作品展實質上應該算是日本館首度舉行個展。雖然一九七六年曾經單獨展示過攝影師篠山紀信[230]的作品，可是當時展場設計是由建築師磯崎新[231]負責，最後整體形式算是兩人合作。我是第一個純粹單獨展出的創作者。擔任雙年展日本委員的多摩美術大學教授建畠晢[232]，在圖錄裡寫了一篇文章，標題名為〈壯麗的執念〉：

「戰後的前衛先驅性、原生藝術[233]的病理特質、乍現等等反映論[234]的解讀，加上形式主義和女性主義的重新評價……我們可以用各式各樣的觀點來接觸草間充滿個性的巨大世界，就算是看她的最新作品，也依舊生龍活虎，保持著相同的水準。或許應該反過來說，這次展覽她明顯想要擴大作品的規模，讓觀眾看了感覺肅然起敬。她在九〇年代散放出清澈的光芒，同時又彷彿帶著不穩定或神祕的異界印象，我們必定會被這股力量引誘而接近她。」

在《美術手帖》六月號的「特集・草間彌生——執念藝術的起源與發展」這個專題中，藝評家谷川渥[235]寫了一篇長篇論文〈增殖的幻魔〉，文章開頭是這樣寫的：

「今年草間彌生被選為威尼斯雙年展的日本代表。一方面讓人感覺怎麼拖到現在，另一方面也讓人不由得覺得終於輪到她。要說特例是特例，要說當然也是當然。總而言之，這的確是件令人痛快的事。如果這個決定並不是因為現在日本除了她之外，沒有任何藝術家衝擊力高到足以登上雙年展的話，那是萬幸，不過呢，這至少表示像她那樣奔放不羈、獨立自負的創作者，地位已經提升到成為被國家欽點的代表，我們不能否定這個事實。時代真的改變了。」

基於自己一步一步擴充發展創作世界的原則，我從一九九四年開始著手進行巨大的戶外雕塑。我在福岡美術館[236]、福岡教育中心、倍樂生股份有限公司直島博物館[237]，以及其他各地製作了《南瓜》和《帽子》的巨大雕刻。此外，我還在九州霧島公園[238]裡面設置了將近十公尺高的幻花和十公尺的高跟鞋。在改裝的大林組[239]總公司，我也用橫十公尺、縱七公尺的厚玻璃創作《無限的網》的透明雕刻。我把三片透明玻璃接在一起，把相同的圖紋連續加工上去，再加上背面兩片透明雕刻玻璃，從不同角度看就會看到各式各樣的花紋交織在一起。

這正是無限。

此外，在葡萄牙首都里斯本，我還在改裝的萬國博覽會紀念地下鐵通道裡創作壁畫。那件作品是由車站左右兩面巨大陶畫所組成，命名為《海》。

我在日本以及世界各地接連不斷召開個展，其中一九九六年五月在紐約寶拉・庫柏畫廊[240]舉辦的個展「草間彌生一九五〇年代、一九六〇年代作品展」，不斷受到高度讚揚，甚至被國際藝術評論家聯盟選為「一九九五—一九九六最傑出畫廊展」接受表揚。一九九六年在羅伯・米勒畫廊[241]舉辦的個展也獲得相同的獎項。

《Time Out》[242]雜誌上的評論寫著：

「草間長年以來隱姓埋名躲藏在自己無限的世界當中，終於在這後現代的歷史時刻，為了伸張她真正的定位而重新現身。」

羅柏・史密斯[243]在《紐約時報》的評論則是這樣寫道：

「寶拉．庫柏畫廊這次舉辦的草間彌生個展，除了延續獨特的創作風格之外，還向外跨得更遠，並且引發更多聯想，可以說是一次創舉。草間把積累這種技巧當成是武器，輕盈盤旋在媒體和文化之間。在這過程當中，順暢融合了東方和西方、體制內與體制外的觀點。」

最值得一提的是，一九九八年三月，由洛杉磯郡立美術館[244]出發巡迴的「草間彌生大型回顧展」。這次展覽確立了「草間身為前衛藝術家的定位」。主辦單位花了五年的時間，收集我從一九五七年到一九七五年，總共十七年間的作品，總計展出大約八十件。

這次大型回顧展在各個展場都長期展出三個月。洛杉磯結束之後，從七月開始巡迴到紐約現代美術館，十二月則是在明尼亞波利斯的沃克藝術中心[245]。之後，隔年一九九九年四月，則是在新建的東京都當代藝術館[246]凱旋歸國舉辦。無論哪一場都是藝術盛會。

年輕的哲學學者淺田彰[247]在東京看完回顧展之後，在五月號的《波》[248]雜誌上寫了篇題目為〈草間彌生的勝利〉的文章：

「這究竟是一股什麼樣的能量？看完東京都當代藝術館召開的草間彌生回顧展之後，我覺得整個人都被征服了。那些閃耀著鮮豔色彩的圓點圖案，還有陽具型的物件無盡增生，四處氾濫。那位女性終生和自己的精神狀況相互拮抗，把她艱苦的戰鬥全部轉化成為華麗的藝術，沒錯，那些作品正是她耀眼的勝利紀念碑。（中略）

她反過來運用那種無窮反覆的強迫之力，把它轉化成為藝術，希望能夠藉由這種方式來進行自我治療。可是這種問題並非戰勝一次就可以解決，草間彌生必須不斷鼓足全力，迎接一次又一次艱苦的挑戰。特別是在她一九七三年回日本，七五年住院（七七年再度住院，直到現在）那段時期左右，可以說是遇到了相當嚴重的危機。在《靈魂歸巢》（七五年）和《汝死後》（七五年）這類小型的拼貼作品當中，那種微弱又天真的表現方式直指人心，不禁讓人覺得作者是否已經失去活下去的力量。儘管走到這種地步，後續壓倒性的爆發力卻又讓觀眾驚嘆不已。那些鮮豔的色彩形式、銀色的物件、時而又以十公尺左右的巨大尺寸湧現，全部交融成炫麗豪華的生命饗宴。沒錯，距離死亡僅有一步之遙的她，只有透過藝術才能夠延續生命。她這條命活得多麼精彩啊！這已經遠遠超越自我藝術治療的領域了。（中略）草間彌生在這橫跨半個世紀的戰爭當中，獲得精彩的勝利。發展到近年《我獨消逝》（九四年）之類的作品時，她在天花板和地板的對鏡之間，架上梯子呈現無限反覆的過程，可以說是已經走到不懼死亡的境界。在這層面上，我想再重複說一次先前那句話：這個回顧展是草間彌生這位藝術家——這位超越病人身分、無可置疑的藝術大師——耀眼的勝利紀念碑。（中略）

事實上，草間彌生是和『纖細善感』的生活距離最遙遠的人。所謂纖細善感，必須要以感受事物的自我做為前提。然而就草間彌生而言，自我是一個非人稱的場域，她必須要在那個空間裡，和疾病與死亡相互鬥爭。那裡並沒有『生活』，只有在死亡邊緣掙扎拾回的生命。那種淒厲華美的奮戰紀錄，帶著撼動人心的真實，連完全不了解作者疾病背景的人，也會被作品煥發出來的強烈能量征服。這些作品一件一件在距離感傷脆弱非常遙遠的地方傲然矗立，單憑作品自身便震撼觀眾的感官，因此才足以被稱為藝術。草間彌生藉由創作超越死亡的誘惑，活在清爽乾脆的孤獨中，面對她遍體鱗傷兀自前進的背影，我打從心底向她致敬。」

在回顧展召開的同時，我也在全世界的美術館、畫廊、藝術節等等場合進行多到難以計數的新作展示活動。這股激烈的氣勢甚至被很多大眾媒體稱為「草間旋風」，或是「草間復興」。

譬如說在紐約現代美術館舉辦大型回顧展同時，同樣在紐約羅伯・米勒畫廊召開的新作個展中，我就用十尊實物大的「米羅的維納斯」，包圍整座畫廊的空間，並且在維納斯身上畫上粉紅色的網點，背景再搭配粉紅色的網點畫一起展示。維納斯雕像是人體美的極致，我用這種方法來表示她們消融在粉紅色的網點中。

二〇〇〇年一月到三月，我在倫敦的蛇型藝廊[249]召開三個月的個展。接著在二〇〇〇年十一月，我的新作裝置展「YAYOI KUSAMA」，從法國迪戎（Dijon）的美術館[250]開始，接連到巴黎日本文化會館、法國圖盧茲（Toulouse）的亞巴托當代藝術館[251]、丹麥歐登塞美術館[252]、一直到展期三個月的二〇〇二維也納藝術空間[253]等十七個地方巡迴。每個地方觀眾都多到令人難以置信。

鏡子、黑光[254]、氣球、燈光照明……我用各式各樣的材料與編排，把各個展示空間轉換成為裝置，營造一個充滿體驗樂趣的會場。因為每一個房間氣氛都很不錯，只要一走進去，就不太想要出來，人潮多到必須要控制入場人數。

日本政府基於我的活動受到如此高度好評，於二〇〇〇年頒發第五十屆藝術選獎[255]文部大臣賞和外務大臣賞[256]給我。接著，我在二〇〇一年也接受了朝日新聞文化基金會所頒發的朝日賞[257]。

創作不朽的藝術

這幾年，每年國外都會有四到五間美術館向我申辦個展，簡直就是不拼命製作新作品就趕不及的狀態。然而我每天自然而然都會不停出現新點子，所以一點都不擔心。半夜只要想到點子，就會慌慌張張畫在素描簿上。所以我隨時都把素描本和彩色鉛筆放在身邊，並且每天進行大量的工作。

因為我總是想要做這個，也想要做那個，腦袋裡想法很多，完全沒有什麼順序就會「哇——」地跑出來。我只能在有限的時間裡一一把它們具體化。

這段期間，只要越沉迷某些事物，就越會感覺時間像噴射機一樣飛逝而去。上了年紀之後，我才感受到一天一天的日子竟然如此寶貴。我從十幾歲的時候開始，就對時間的流逝感到非常不甘心，焦慮到怪自己不夠努力。

和十幾歲當時那種慌慌張張的狀況相比，現在到底該怎麼說呢？好像一片茫然，覺得未來的時間越來越沉重，整個胸膛也填滿了對於藝術更寬闊的理想。時間啊，等等我。我還想要做些更好的創作，我還有很多點子，想要用繪畫和雕刻來表現。然而時間分分秒秒過去，地球無時無刻運轉不停。

以前在紐約的朋友阿曼[258]、傑斯伯・瓊斯[259]、羅森奎斯特[260]、歐登伯格、瑪莉索[261]，還有我，大家都已經攀上好高好高的天際，漸漸接近死期，準備降落。大家現在都卯起來創作，是因為感覺到壓力步步逼近。我也是因為這樣，所以才這麼拼，因為我和大家都想要死在飛機準備著陸的狀態下。

我今後也打算繼續開創日本從未有人處理過的新世界和新思想。我的心情像是眼前還有要花四百年才有辦法完成的工作，但是我現在才要出發。

我發現現在可以算是我人生最美好的時光。源源不絕完成作品，在幾年之間就創作出了相當驚人的數量。然而我創作時並不是很開心，那種感覺就像是沒有人會開開心心去發動戰爭一樣。我覺得我真的是在人生當中選了一條非常辛苦的路，自己常常啞口無言，覺得以後好像會越來越辛苦。

我總是把自己搞得筋疲力竭，最大的快樂就是睡覺，起床的時候會腰痛、腳痛、頭痛。全身都貼滿膏藥，可以說是遍體鱗傷。我去針灸，也讓人按摩，每天走一萬步走到神樂坂。身體必須保持健康才行，所以我都會嚴格驅策自己。就算你再有思想，只要身體不行，就什麼都不用做。

我和美術界幾乎沒有什麼關聯，和作畫的朋友們也沒什麼來往，單單只是一頭鑽進自己的世界。我會收到很多開幕邀請函，可是我都不去，因為那邊沒有交流。我不是什麼會的會員，不和畫壇的人溝通，也不出席活動。我不喝酒，不抽菸，把自己控制得很好。總之我整個人都投入到藝術創作，就這樣一天一天生活。

我相信，藝術創作的構想終究是出自於孤獨沉思。那是一股由心平氣和的寧靜，綻放出來的斑斕彩光。因此，現在我的創作概念主要都和「死亡」有關。

科學、機械萬能導致人類妄自尊大，這不但讓人類失去生命的光輝，也讓大家的想像力變貧乏。資訊社會越來越蠻橫、文化單一、環境污染，在這地獄般的景象中，生命的神祕力量已經停止運作，我們的死亡也放棄自身的寧靜莊嚴。我們正一步一步失去那種靜謐的死寂。

地球創造出愚蠢的蟑螂老鼠這樣的醜相，人性越來越退化，然而在另一方面，星星依然隱含著曖曖的銀光，兀自燃燒，這是多麼令人驚訝！我一閃即逝的生命存在於幻象當中，藉由肉眼看不見的力量，活在數億光年的無限寂靜瞬間！

過去我賴以為生的自我革命，也是一種對死亡的探索。帶有死亡意涵的事物、其色彩與空間美、死亡寂靜的腳步、死後的「空無」……我吸納這一切，運用創作來安撫自己的心神，這是我的使命。

以前，衰老的喬瑟夫・科奈爾曾經對年輕的我說：

「死一點都不可怕，就像從這個房間走到隔壁那樣。」

我年輕的時候總是覺得死亡非常難以想像，覺得很害怕。不過現在感覺確實就像科奈爾所說的那樣，好像只是走到隔壁房間而已。生命和死亡其實都一樣。是的，我切身感受到了。

近來我常常反省自己過去走過的人生，獨自喃喃著：當初那樣做是對的。不

● ● ● ● ●

對，如果當時可以那樣的話就好了。以後就這樣努力吧，要更加油才行。我會這樣說話給自己聽。

我有一份自己的藍圖。從我十幾歲起步的時候開始，即使遭受他人冷眼旁觀，我也要過自己想要過的生活。我認為把這個想法落實、具體實踐，走上我自己現在走的這條路真的是太好了。

我連過世以後的事情都規畫好了。我針對自己離開人世以後，該怎樣處理後事比較好，寫了很多不同的企畫書。雖然個人生命有限，但是可以為後代的人留下藝術。

「距離過世還早得很，幹嘛想那麼多？」我完全不是用這種方式在思考。我認為保持自己一路走來的速度，從今天開始計畫也不嫌晚。這麼一想，我從十幾歲的時候，就一直在思考未來。

現在我第一優先思考的，就是想要創造出很棒的藝術作品，不管是一件也好、兩件也好。在我心中只有這件事。

每天的時間如加速般越來越快流逝，就算拚命，在既有的條件框架內，自己大概也知道自己可以走到哪裡……我覺得思考這種事情很空虛，沒意義。我追求的是死後還是可以永恆發光的藝術。想要創造可以經得起時間考驗的作品這個念頭，在我心中越來越強，甚至令我難以入眠。

我深深感受到人生真是太美妙了，身體甚至為之顫抖。藝術世界樂趣無窮，對我來說沒有比這個世界更能湧現希望、激發熱忱的地方了。因此為了藝術，再怎樣辛苦我也不會後悔。我就是這樣一路走到現在，今後也會這樣繼續生活下去。

191 八岐大蛇：日本神話當中生有八頭八尾的大蛇，喜歡喝酒，每年要吃一個獻祭的少女。

192 浦島太郎：日本民間故事，描述浦島太郎拯救烏龜，受邀至龍宮遊樂，回程時龍宮公主贈他一個珍寶匣，叮囑他絕對不能打開。浦島太郎回家之後恍如隔世，所有認識的人都已消失，打開寶匣之後冒出一陣煙，自己也瞬間變成老頭。逗留龍宮數日，地上已過七百年。

193 片假名：日文的基礎表音文字分為平假名和片假名，平假名通常用於日常用語，片假名則用來標記外來語。

194 您說toilet嗎：此處服務生兩句話原文都是用片假名。日本現今外來語全以片假名形式完全融入日常生活。

195 新盆：日本民間融合「盂蘭盆」的佛教習俗和本土神道祭祖等宗教儀式，每年會在七月十五日左右舉行祭祀，稱為「御盆」（お盆）。一般人過世做過七七法事之後，當回的御盆祭祀會準備得特別豐盛，稱為「新盆」。

196 信濃：泛指日本信濃地區，也就是現在的長野縣。

197 布勒哲爾：指的是老布勒哲爾，Pieter Brueghel the Elder，一五二五—一五六九，法蘭德斯文藝復興時期畫家。以風景和農民畫聞名。早期布勒哲爾受繪畫大師波希（Hieronymus Bosch）影響，在他的鬼神主題畫作當中，他學會如何把許多小場景整合成具有故事性的完整構圖，譬如《死亡的勝利》（*The Triumph of Death*）和《叛亂天使的末日》（*The Fall of the Rebel Angels*）。布勒哲爾專精描繪群像和景致的風俗畫，也畫宗教畫。當時農民生活的主題在繪畫中相當少見，他可以算是一個開拓性的先驅，在畫中留下許多珍貴的社會符號和歷史材料。譬如《荷蘭俗諺》（*Netherlandish Proverbs*）、《孩子們的遊戲》（*Children's Games*）、《獵戶踏雪》（*Hunters in the Snow*）等。他還創作出一些相當早的社會批評作品，譬如《狂歡節與四旬齋之戰》（*The Fight Between Carnival and Lent*）、《校園裡的屁股》（*The Ass in the School*）等。

198 暖桌：日本一種暖氣裝置，在矮桌內側裝設暖爐，四周蓋上一層棉被，可以把腳伸進去取暖。

199 鉢伏山：日本有許多同名的山，以其形狀像倒扣的鉢為名。此處指是位於筑摩山地南部的鉢伏山。山北即草間彌生的故鄉松本市。

200 亞瑟・米勒：Arthur Miller，一九一五—二〇〇五，美國劇作家、散文家。美國劇場界代表人物，曾獲普立茲獎、東尼獎最佳劇作家。代表作有《推銷員之死》（*Death of a Salesman*）、《吾子》（*All My Sons*）。

201 楚門・卡波提：Truman Capote，一九二四—一九八四，美國作家，代表作有《第凡內早餐》（*Breakfast at Tiffany's*）和《冷血》（*In Cold Blood*）。作品至少被改編成二十部以上的電視劇集或電影。

202 格洛麗亞‧斯旺森：Gloria Swanson，一八九九—一九八三，美國默片時代最傑出的女演員和時尚偶像之一。

203 蝴蝶小姐：Butterflies are Free，李奧納德‧葛許（Leonard Gershe）撰寫的百老匯劇作。主要故事圍繞在一個紐約曼哈頓的盲人身邊，他和一個嬉皮女孩相戀，卻倍受母親阻撓。本劇一九六九年正式公演，累積演出一一二八場，一九七二年改編電影。

204 新藝術：Art Nouveau，指稱十九、二十世紀之交盛極一時的國際藝術風潮，廣泛影響建築、設計與裝飾藝術領域。主要特徵是以植物的有機弧線作風格化的裝飾，是對十九世紀的一種反動。藝術領域的代表藝術家有捷克畫家穆哈（Alphonse Mucha）、西班牙建築師高第（Antoni Gaudí）、奧地利畫家克林姆、裝飾藝術家第凡尼（Louis Comfort Tiffany）等。新藝術盛行的時間雖短，但是影響深遠，二十世紀六〇、七〇年代更延伸影響迷幻藝術（Psychedelic Art）。

205 藝術與工藝運動：Arts and Crafts movement，源於英國，盛行於一八八〇—一九一〇年間的國際設計風潮。威廉‧莫里斯（William Morris）在一八六〇年代開始發起這個運動，理念源自美學家約翰‧羅斯金（John Ruskin）的作品。這股風潮廣及建築、室內設計和裝飾藝術，特徵是造型簡單和中世紀的裝飾風格。在理念上回歸素材本質，並宣揚工藝傳統和經濟改造。

206 B. B. King：一九二五—二〇一五，美國藍調吉他手、創作歌手。曾在《滾石》雜誌「史上百位吉他手」評選當中名列第三。一九五六年B. B. King創立自己的品牌——藍調男孩王國（Blues Boys Kingdom），成為R&B界最重要的代表人物。

207 米克‧傑格：Mick Jagger，一九四三—，英國搖滾歌手，以滾石搖滾樂團（The Rolling Stones）主唱身分聞名全球。早期滾石是一個R&B翻唱團體，六〇年代中期成為主流搖滾樂團。

208 社會研究新學院：New School for Social Research，位於紐約，原為費邊社會主義（Febian Socialist）者創設的學校，現名The New School。這間學校以前衛的教學方式聞名，主辦美國國家圖書獎，並營運無黨派的世界政策機構（World Policy Institute）。旗下帕森斯設計新學院（Parsons The New School for Design）是全美最重要的藝術學院之一。

209 西村畫廊：位於東京的藝廊，經手藝術家有大衛‧奈許（David Nash）、安東尼‧格林（Anthony Green）、橫尾忠則等。

210 岡部德三：一九三二—二〇〇六，日本絹版印刷大師。一九六四年開設岡部版畫工房，是日本絹版印刷的先驅。協助過靉嘔、Onosato Toshinobu、約翰‧凱吉、草間彌生、橫尾忠則、白南準、立陶宛導演喬那斯‧梅卡斯（Jo-

nas Mekas）等人印刷版畫。

211 木村希八：一九三四－，日本當代重要印刷師，在鎌倉開設版畫工房，曾協助岡本太郎、篠田桃紅、片岡球子、加山又造、草間彌生等兩百位以上的創作者印刷製作版畫。

212 平版印刷：lithograph，一種版畫的製作法，運用油水相斥的原理進行。首先用畫材在版上作畫，讓印刷線條的部分變成親油區，相對的，在親水區覆上一層阿拉伯膠。因為印刷的油墨只會附著在親油區上，這種方法讓印刷製版更持久，也可以塑造出更細膩的圖片。製版的版材過去是用石板，現在多半改用鋁板之類的金屬板。

213 蝕刻版畫：etching，一種版畫的製作方法，。首先在金屬版上塗一層蠟，在蠟上刻畫線條作畫，再用強酸腐蝕製成凹版。完成的凹板就可以用來印刷。

214 揚棄：原文「止揚」，是黑格爾辯證法「Aufheben」這個詞彙的日本譯稱。此字帶有幾個相互矛盾的意義，大致可以解釋為「否定某個命題之後，把這種否定納入整體當中成為一個思考的組成元素」。

215 《百人一首》：日本古典詩選集。以日本一百位知名古代詩人一人選錄一首為體例，現在一般用來通稱由藤原定家編撰的《小倉百人一首》。

216 野性時代新人文學獎：野性時代是角川書店發行的娛樂藝文雜誌，創刊於一九七四年。現今這個獎項稱為野性時代先鋒文學獎。

217 三田誠廣：一九四八－，日本小說家。任職廣告公司時以撰寫學運經驗的作品《我算什麼》獲芥川獎，之後於早稻田大學任教，並任武藏野大學客座教授。三田獲得芥川獎之後，被視為日本戰後嬰兒潮世代的旗手，以家庭和教育為主題撰寫了許多相關隨筆與小說，近年則是對高齡老化多有著墨。對於理科和宗教也有研究，有許多相關著作。

218 高橋三千綱：一九四八－，日本小說家。年輕時曾任體育新聞記者，以《殺時間》獲群像新人文學獎、《九月天》獲芥川獎。擔任許多漫畫原作，近年來也撰寫許多劍豪小說。

219 宮本輝：一九四七－，日本小說家。年輕時曾在廣告公司任職，後來因為精神恐慌症對工作生涯產生畏懼，決定開始寫小說，以《泥河》獲太宰治獎，次年以《螢川》獲芥川獎，奠定作家的地位。代表作有《泥川・螢川・道頓堀川》、《流轉之海》系列等。

220 村上龍：一九五二－，日本小說家。就學期間即以描寫耽溺性與迷幻藥的《近乎無限透明的藍》奪得群像新人獎以及芥川獎。以身為深受嬉皮文化影響的作家身分，與村上春樹共同被認為是具有時代代表性的作家。代表作有《近乎無限透明的藍》、《愛與幻想的法西斯》、《離開半島》等。

221 中上健次：一九四六—一九九二，日本小說家。早期文體受大江健三郎影響，後來柄谷行人推薦他讀福克納，轉而以家鄉紀州熊野進行創作。複雜的出身背景、成長經歷、還有從事肉體勞動的經驗，對他的作品有很大的影響，是戰後出生的世代當中第一個得芥川獎的作家。代表作有《岬》、《枯木灘》等。

222 黃玉：トパーズ，改編自村上龍自己的同名暢銷小說，以在SM俱樂部工作的傳播妹為主角，描繪都會一角種種不正常的愛情關係。

223 歌人：指日常創作和歌、短歌的人。

224 吳風：ツワブキ，大吳風草。菊科大吳風草屬的植物，分布於中國湖廣一帶與日本。

225 福岡北九州市立美術館：由磯崎新設計的美術館，收藏從印象派到當代的藝術作品。

226 亞力珊德・夢露：Alexandra Munroe，國際知名策展人、學者和博物館藝術總監。她是現當代亞洲藝術研究和展覽的權威。她策畫「一九四五年後的日本藝術：對空吶喊」(Japanese Art After 1945: Scream Against the Sky)展，是首度針對日本戰後藝術進行的全面詮釋性研究。這個展覽在日本和美國都前所未有，她為現代亞洲藝術這個領域奠定了學術、策展和收藏的基礎，居功厥偉。這也是日本公立博物館首度雇用外國策展人進行策畫的展覽。她策畫過的重要展覽有小野洋子回顧展、草間彌生回顧展，與中國策展人巫鴻共同策畫木心畫展等。一九九八—二〇〇五年間，夢露任職日僑協會藝廊(Japan Society Gallery)總監，兼任文化藝術部的副總裁，任內舉辦過多樣重要展覽，包含東松照明、森山大道等人的攝影回顧展。現任古根漢基金會亞洲藝術資深策展人。

227 卡利亞：Bhupendra Karia，一九三六—，印度攝影師、教師、策展人，畢業於孟買J・J・勛爵藝術學院(Sir J.J. College of Art)，後來留日就讀東京藝術大學，學習攝影、浮世繪版畫和日本建築。後來主要於紐約活動，並參與藝術策展工作。

228 《美國藝術現場》：*Art in America*，創立於一九一三年的國際當代藝術雜誌，涵蓋視覺藝術、表演藝術、數位藝術等當代第一手資訊與評論。

229 吉姆・戴恩：Jim Dine，一九三五—，美國普普藝術家，有時候也被歸入新達達風潮當中。起初以乍現活動在藝壇建立聲名。他的第一件作品是一九五九年製作的為時三十秒的《微笑的工人》(*The Smiling Worker*)。一九六二年，戴恩與李奇登斯坦、沃荷等人共同參與了美國歷史性的第一個普普藝術展「日常用品的新繪畫」(New Painting of Common Objects)，自此開始他的普普藝術生涯。

230 篠山紀信：一九四〇—，日本知名攝影師，在學時即嶄露頭角，初出茅廬就獲得不少獎項。他的拍攝創作量和主題的範圍相當寬廣，遠遠超越一般攝影師。一九六九年他和攝影師澤渡朔、林宏樹等人共同組成全日本恥毛露出聯盟。一九九一年拍攝當年當紅偶像宮澤理惠的露毛寫真集，引爆露毛裸照風潮。篠山的創作理念通常都很機靈，又能吸引一般大眾，追求話題性。然而他的話題概念往往勝過一張一張照片的好壞，因此在攝影界毀譽參半，不過本人對此完全不以為意。在他商業形象的另一面，由於他童年拜師學習落語的關係，長年替落語家和歌舞伎演員攝影，也留下許多寶貴的記錄。

231 磯崎新：一九三一—，日本後現代重要建築家，設計作品遍及美國、歐洲、日本與中國等地。與日本新達達主義的前衛藝術家過從甚密。除了建築設計之外，他在評論與藝術文化領域也相當活躍，是在全世界極具代表性的日本建築師。曾任織部賞評審主委、威尼斯雙年展建築館策展人、普立茲克建築獎評委等。二〇一九年獲普立茲克建築獎。

232 建畠晢：一九四七—，畢業於早稻田大學文學系，歷任日本國立國際美術館主任研究官、多摩美術大學教授、國立國際美術館館長。專攻現當代藝術。曾任威尼斯雙年展日本館策展人、橫濱三年展藝術總監，並參與諸多亞洲現當代藝術的專題企畫。二〇一七年起任草間彌生美術館館長。

233 原生藝術：Art Brut。法國藝術家杜布菲（Jean Dubuffet）創立了這個術語，專指超出主流文化範圍之外的藝術創作。英文現今有時會用Outsider Art代稱，不過涵蓋的範圍更廣，包含自學而成，和任何藝術訓練無關的人單純為自我表現而創作的作品。

234 反映論：哲學領域中一種唯物觀點的認識論。這種理論認為我們人類的思考源自於外界實際存在的事物，我們的觀念都是那些事物的反映，因此人才有辦法理解外在世界。

235 谷川渥：一九四八—，日本國學院大學哲學系教授，專攻藝術與美學，十餘年來都在日本藝壇重要刊物《美術手帖》上進行藝術專欄連載。翻譯與著述八十餘冊，主要有《肉體的迷宮》、《超現實主義的美國》、《廢墟的美學》等。

236 福岡美術館：這裡指的是福岡市美術館。

237 倍樂生股份有限公司直島博物館：日本知名教育機構倍樂生股份有限公司（Benesse Corporation，代表產品之一即為台灣熟悉的《巧連智》），以瀨戶內海的直島及其附近離島為基礎，在海上打造的文化村。包含由安藤忠雄進行總體規畫的直島藝術園區（包含博物館以及高級度假旅館等設施），以及翻修老宅展示裝置作品的「家屋計畫」等。直島博物館即為相關建築之一。

238 九州霧島公園：實際名稱是霧島屋久國立公園，位於日本九州鹿兒島縣。該公園在標高七百公尺的霧島山台地區，規畫了一個名為霧島藝術之森的區域，是日本少數的開放性戶外美術館。

239 大林組：創設於一八九二年，日本最頂尖的綜合建設公司之一。在全日本以及亞洲許多主要都市都設有分支機構。重要建設有世界最高電波塔東京Sky Tree、全日本最大的購物商場AEON Lake Town、六本木丘森Tower等。

240 寶拉・庫柏畫廊：Paula Cooper Gallery，創立於一九六八年的紐約藝廊。以推廣極簡藝術和概念藝術家聞名，曾展出卡爾・安德烈（Carl Andre）、唐納・賈德等人的作品。除了藝術展示之外也積極舉辦各種文藝活動。

241 羅伯・米勒畫廊：Robert Miller Gallery，位於美國紐約的當代藝廊。旗下藝術家有義大利攝影家沃爾特・尼德邁（Walter Niedermayr）、詩意龐克搖滾教母派蒂・史密斯（Patti Smith）等。

242 《Time Out》：英國倫敦出版商Time Out所發行的同名暢銷週刊，創立於一九六八年，提供電影、劇場、時尚、文學、飲食、玩樂，以及各式各樣藝文活動的相關資訊。

243 羅柏・史密斯：ロバート・スミス音譯。

244 洛杉磯郡立美術館：Los Angeles County Museum of Art，美國芝加哥以西最大、收藏範圍最廣的美術館。

245 沃克藝術中心：Walker Art Center，創設於一八七九年，位於美國明尼蘇達州，是美國五大當代藝術館之一。

246 東京都當代藝術館：東京都現代美術館。成立於一九九五年，專門收藏當代藝術的公立美術館。

247 淺田彰：一九五七—，京都藝術大學校長，藝文評論家。二十六歲時，他以圖表參考書的方式暢談結構與後結構主義出版《結構與力》，在青年讀者群中創下大賣十五萬冊的佳績，引發淺田彰現象，成為文化偶像。他橫跨菁英和大眾文化的姿態，打破時代的僵局，積極於哲學、音樂、建築、文學、攝影、繪畫等各領域撰寫評論與介紹，並與柄谷行人共同編輯《批評空間》，參與籌備NTT傳播交流中心等，積極在日本文化界進行各種反思與批判。

248 《波》：新潮社的讀書資訊月刊，創刊於一九六七年。

249 蛇型藝廊：Serpentine Gallery，成立於一九七〇年，是一座位於英國倫敦海德公園（Hyde Park）內的現當代藝術展場。藝廊名稱來自於公園內的蛇型湖。自二〇〇〇年開始，每年暑假蛇型藝廊都會邀請國際建築大師在草坪上設計臨時建築亭供影片播映、講座等等活動使用，成為當代建築的重要盛會。札哈・哈第（Zaha Hadid）、法蘭克・蓋瑞（Frank Gehry）、伊東豐雄等人都曾參與。

250 迪戎的美術館：指的是「集團」當代藝術中心（Le consortium）。鏡相角協會（Le Coin du Miroir）於一九七七年成立集團當代藝術中心，主要以發展、推廣、行銷當代藝術為目標。

251 亞巴托當代藝術館：Les Abattoirs，是一間現當代藝術美術館。

252 歐登塞美術館：Odense City Museums，歐登塞市所有的美術館都統一由城市文化局管理，統稱為歐登塞美術館。

253 維也納藝術空間：Kunsthalle Wien。位於維也納的國際當代藝術展覽場，二〇〇一年，藝廊部分遷移到博物館區（Museum Quarter），原本的場地則為專案空間使用。

254 黑光：運用長波長紫外線的黑光燈照明，讓螢光塗料顯像的一種技術。

255 藝術選獎：分為劇場、電影、音樂、舞蹈、文學、美術、古典藝術、廣播、大眾娛樂、評論等十個領域。針對各領域的傑出人士頒發文部科學大臣獎。

256 外務大臣賞：由日本政府外務部（類似外交部）頒發的外務大臣獎。

257 朝日賞：朝日新聞創設的獎項，頒發給對文化社會發展有貢獻的人士。

258 阿曼：Arman，一九二八—二〇〇五。法國藝術家，以切割重組物件的創作風格聞名。一九五九—一九六二年間，阿曼建立起他最鮮明的風格，開始發展他最知名的兩種創作概念：「堆疊」（Accumulation）和「垃圾」（Poubelle）。堆疊是把一堆尋常的物件整合編排好，放進箱子中作呈現。「垃圾」則是把切割散佈的廢物重新組合。一九六〇年他用垃圾塞滿巴黎的伊希斯・克列赫畫廊（Galerie Iris Clert），把作品命名為《滿滿》（*Le Plein*）和他朋友伊伕・克萊因兩年前在同一展場的《空空》（*Le Vide*）做對比。阿曼切割的對象從樂器、希臘神話雕像、傢俱、汽機車、工具、鐘錶到生活用品。他以不同的方式把這些日常生活中熟悉的、消費性的物品保存下來，將原有的事物賦予新的意義。

259 傑斯帕・瓊斯：Jasper Johns，一九三〇—，美國當代畫家、版畫家。最著名的作品是他夢到美國國旗之後所畫的《旗幟》（*Flag*, 1954-1955）。瓊斯經常運用對比反襯的手法呈現一種反諷的幽默。雖然他的創作主題經常來自於流行文化，可是常被歸類為新達達主義者，而非普普藝術家。然而瓊斯轉化傳統視覺符號的繪畫技巧又讓他經常被選入普普藝術的選集當中。瓊斯最大的突破在於替大眾的視覺符號找到一個適合的繪畫語言，啟發許多未來的作品。

260 羅森奎斯特：James Rosenquist，一九三三—，美國藝術家，普普藝術健將，年輕時曾靠畫廣告看板為生，這對他後來從事大幅普普畫作有很大的助益。他成熟期最大的特色在於擷取破碎的各種現實影像片段，在畫面上重新排列重組，營造出一種嶄新的視覺敘事，把我們習以為常的事物化成更抽象、更震撼的影像。

261 瑪莉索：Marisol Escobar，一九三〇—二〇一六。生於巴黎的委內瑞拉裔雕刻家。她曾接受抽象表現主義健將漢斯・霍夫曼指導，並曾就讀紐約藝術學生聯盟和社會研究新學院。瑪莉索最具代表性的作品是她的立體肖像。起初她深受抽象表現主義影響，然而在接觸原始哥倫比亞工藝之後，她放棄繪畫，開始使用木頭和紅土媒材自學雕塑。

六〇年代，瑪莉索受到安迪・沃荷、羅伊・李奇登斯坦等普普藝術家影響，她把自己創作的肖像雕塑組合成各種場景呈現，笨拙的媒材並置以及污損效果營造出一種冷調含蓄的反諷感。

棲身於落淚的都城

草間彌生

若是人生終結的時刻前來迎接
經年累月的時光盡頭
死會悄悄逼近嗎，
為之戰慄不安，分明很不像我
面對鍾愛的你的片影　憂愁每每夜半來到
一新我的相思
正因為你，渴望你，「落淚的都城」中
幽禁的我　順應人生的冥界通行號誌
指引　該徬徨出發了吧
蒼天靜候著我　牽來叢叢白雲
你的溫柔一向讓我鼓起精神，讓我倍受蹂躪
打自內心深處，我抱著「祈求幸福的願望」

持續追求至今
那是「愛」的樣貌
試著對天邊繾綣的鳥群大聲嚷嚷
訴說我的心
將我悠長的時間化作藝術化作武器
粗暴闖蕩至今
將那「失望」與「空虛」　以及「孤獨」種種深藏於心
徒長的歲月啊
塵世的煙火時而「華麗」沖天
飄散於夜空　五色粉末
鋪蓋全身的震撼　我不會忘記
人生終結之美　一切皆為虛妄嗎
我想聽聽你怎麼說
這是給你的愛的短箋
你知道我期盼留下清麗的足跡

二〇一二年二月一日

草間彌生｜Kusama Yayoi｜略歷

- 生於長野縣。前衛雕刻家、畫家、小說家。
- 十歲左右，開始以圓點和網紋作為主題作畫。運用水彩、粉彩、油彩等畫材，創作幻想性的繪畫作品。
- 一九五七年前往美國，發表巨大的平面作品、軟雕塑，以及結合鏡子和燈具的環境雕塑作品。
- 一九六〇年後半，開始舉辦人體彩繪、時尚走秀，以及反戰活動等眾多的乍現行動。並著手嘗試運用媒體的表現方式，譬如製作電影、發行報紙等等。一九六八年自導自演的電影《草間的自我消融》入圍第四屆比利時國際短片影展和第二屆馬里蘭影展，並榮獲安娜堡影展銀獎。此外，也在歐洲各國進行展覽和乍現。
- 一九七三年返國。一邊持續創作發表藝術作品，並且發表許多小說與詩集。一九八三年，小說《克里斯多夫男娼窟》榮獲第十屆野性時代新人文學獎。

● 一九八六年，在法國卡萊（Calais）市立美術館、多勒（Dôle）美術館召開個展。一九八九年，在紐約國際藝術中心、英國牛津美術館召開個展。一九九三年參加第四十五屆威尼斯雙年展。

● 一九九四年開始著手戶外雕塑。於福岡健康中心、福岡美術館、倍樂生直島藝術圈、霧島藝術之森、松本市美術館、新瀉縣松代車站站前、大林組總公司大廳、赤穗市立圖書館、法國的里爾（Lille）車站站前、好萊塢、韓國安養市設置戶外雕塑，並於里斯本的地鐵走道製作壁畫。

● 一九九六年開始以紐約的畫廊為主要活動範圍，同年召開的兩個個展，分別獲得國際美術評論家聯盟的獎項。

● 一九九八到一九九九年間，個人的大型回顧展由洛杉磯州立美術館揭開序幕，之後陸續至紐約現代美術館、沃克藝術中心、東京都當代藝術館巡迴。

● 二〇〇〇年榮獲第五十屆藝術選獎文部大臣獎、外務大臣獎。

● 同年於法國「集團」當代藝術中心召開的個展，陸續至巴黎日本文化會館、丹麥歐登塞美術館、亞巴托當代藝術館（圖盧茲）、維也納藝術空間

（維也納）、Artsonje藝術中心[262]（首爾）、Artsonje美術館（慶州）巡迴。蛇型藝廊（倫敦）個展，參加雪梨雙年展。

● 二〇〇一年榮獲朝日賞，參加橫濱三年展。

● 二〇〇二年，松本市美術館開館紀念個展。獲頒靛綬褒章[263]。

● 二〇〇三年獲頒法國藝術文化勳章軍官章[264]，榮獲長野縣縣長表揚（藝術文化功勞）。在丸龜市豬熊弦一郎美術館[265]、北海道釧路藝術館、德國布朗斯威克美術館[266]、波蘭沙漢達國立藝廊[267]舉辦個展。參加法國里爾藝術聯展以及里昂雙年展。

● 二〇〇四年，獲頒信每獎[268]。森美術館[269]（東京，五十二萬人入館參觀）、札幌藝術之森美術館[270]個展。參加惠特尼雙年展（紐約）。東京國立現代美術館[271]個展。

● 二〇〇五年京都國立現代美術館[272]、廣島市當代藝術館、熊本市當代藝術館、松本市美術館個展。奧斯陸國立美術館[273]（挪威）、格拉茲美術館[274]（奧地利）聯展。參展第三屆瓦倫西亞雙年展（西班牙）。草間大樓落成。

● 二〇〇六年榮獲終生成就獎（美國）、旭日小綬獎[275]、高松宮殿下記念世界文化獎[276]。參加大地藝術祭（新瀉）、新加坡雙年展。

- 二〇〇七年，個展於藝術之屋（Haus der Kunst，慕尼黑）[277]召開，並至韋爾斯當代藝術中心（WIELS，布魯塞爾）與維萊特公園（Parc La Villett，巴黎）巡迴。海港城（香港）、維多利亞・米羅畫廊（The Victoria Miro Gallery，倫敦）[278]亦舉辦個展。
- 二〇〇八年、紀錄片《≒草間彌生》公開上映，日本電影節（紐約）、Camera Japan電影節（荷蘭）獲得觀眾票選冠軍。於博伊曼斯・范伯寧恩美術館（Museum Boijmans Van Beuningen，鹿特丹）舉辦個展，後續於雪梨當代美術館（The Museum of Contemporary Art Australia，雪梨）、威靈頓市美術館（City Gallery Wellington，威靈頓）巡迴。榮獲出生地長野縣松本市頒授榮譽市民表揚。
- 二〇〇九年，個展於雪梨當代美術館、威靈頓市美術館、高古軒畫廊（Gagosian Gallery，紐約／洛杉磯）、維多利亞・米羅畫廊、米蘭市立當代美術館ＰＡＣ（Padiglione d'Arte Contemporanea，米蘭）召開。榮獲日本政府遴選為文化功勞者表揚。

- 二〇一〇年，於十和田市當代美術館（十和田市現代美術館）、維多利亞・米羅畫廊、FIAC（巴黎）召開個展。參加雪梨雙年展，愛知三年展。創設草間彌生文化紀念基金會（草間彌生文化記念財団）。
- 二〇一一年，個展於高古軒畫廊（羅馬）、維多利亞・米羅畫廊召開。歐美回顧展以索菲雅王后國家藝術中心（Museo Nacional Centro de Arte Reina Sofía，馬德里）為首漸次展開，並至龐畢度中心（巴黎）巡迴。秋天參加成都雙年展（成都），於昆士蘭藝廊（Queensland Art Gallery & Gallery of Modern Art，布里斯班）召開個展。
- 二〇一二年，新作個展於國立國際美術館（大阪）、埼玉縣立現代美術館（埼玉県立近代美術館）、松本市美術館、新潟市美術館、靜岡縣立美術館、大分市美術館、高知縣立美術館巡迴。歐美回顧展於泰特當代美術館（Tate Modern，倫敦）、惠特尼美國藝術博物館（紐約）巡迴。榮獲新宿區頒授榮譽區民表揚。成為美國藝術暨文學學會（American Academy of Arts and Letters）會員。與LV合作「LOUIS VUITTON×YAYOI KUSA-MA Collection」系列正式公開。於布里斯班最高法院（澳洲）製作大型戶外壁面裝置，羅浮宮朗斯分館（法國）設置館內地面馬賽克作品。

- 二〇一三年，南美回顧展從拉丁美洲美術館MALBA（布宜諾斯艾利斯）起步。亞洲巡迴個展陸續行經大邱美術館（大邱，韓國）、上海當代藝術館、首爾藝術中心（Seoul Arts Center），本態美術館（Bonte Museum，濟州島，韓國）、高雄市立美術館、國立台灣美術館（台中）。
- 二〇一四年，首度於中南美進行回顧展。始自布宜諾斯艾利斯，途經里約熱內盧、巴西利亞、聖保羅、墨西哥城、聖地牙哥。參觀人數累計二〇〇萬人以上。
- 二〇一五年，以路易絲安娜美術館（Louisiana Museum of Modern Art，胡姆勒拜克，丹麥）為首，北歐巡迴回顧展正式展開，至亨尼翁斯塔藝術中心（Henie Onstad Kunstsenter，維肯，挪威）、斯德哥爾摩現代美術館（Moderna Museet，瑞典）、赫爾辛基美術館（HAM Helsingin taidemuseo，芬蘭）巡迴。
- 二〇一六年，榮獲美國《時代》（*TIME*）雜誌遴選為「影響世界的一〇〇人」。榮獲日本政府頒贈文化勳章。

- 二〇一七年，國立新美術館（東京）開設新作個展。北美巡迴個展始於華盛頓赫胥鴻雕刻庭園美術館（The Hirshhorn Museum and Sculpture Garden）。草間彌生美術館於新宿區開館。榮獲東京都榮譽都民表揚。
- 作品獲全世界九十餘所美術館典藏。

262 Artsonje藝術中心：Artsonje Center，成立於一九九八年，是一座位於韓國首爾的私立當代實驗藝術中心。

263 靛綬褒章：日本政府獎章，主要頒發給有益公益捐贈財物的人士。

264 法國藝術文化勳章軍官章：一九五七年由法國文化部創設。主要用以表揚藝術、文學及其相關推廣人士。

265 豬熊弦一郎美術館：位於日本四國香川縣丸龜市。為紀念出身丸龜市的西洋畫家豬熊弦一郎與提振地方藝術風氣成立，一九九一年開幕，以企畫展示當代藝術為主。

266 布朗斯威克美術館：布朗斯威克當代藝術協會（Kunstverein Braunschweig e. V.）創立於一八三二年，是德國最重要也是最早的藝術社團之一。此協會以推廣年輕藝術家為協會最主要的目標。每年協會都會舉辦四次個展或聯展，在國際當代藝術圈中占有一席之地。

267 沙漢達國立藝廊：Zachęta，純藝術推廣協會（Towarzystwo Zachęty do Sztuk Pięknych）的縮寫，是波蘭華沙最知名的藝廊之一。現在由國家經營，稱為沙漢達國家藝廊（Zachęta National Gallery of Art）。

268 信每獎：由信濃每日新聞社成立的文化基金會創設的獎項，主要以推廣長野縣的藝術與體育為宗旨，頒發給傑出的長野縣民。

269 森美術館：東京六本木丘森TOWER第五十三樓設有森Arts Center，這座美術館正是這座藝術中心的核心。由紐約惠特尼博物館以及柏林古根漢美術館的理查・格勒克曼（Richard Gluckman）規畫設計，於二〇〇三年十月開幕，主要以當代藝術的策展企畫為主。

270 札幌藝術之森：位於日本北海道札幌市，位於自然環境中，是一座涵蓋大量藝術相關設施的都會公園。

271 東京國立現代美術館：東京國立近代美術館，包含美術館、工藝館以及影像中心。早年日本策畫展覽都是以企畫為首，四處收集借調展品，東京國立近代美術館是日本第一座開始主動收藏館藏的美術館。主要館藏為明治時期後半至今的近現代藝術品。

272 京都國立現代美術館：京都國立近代美術館，以日本現代美術史的總體視野，積極收藏以京都為中心的關西及西日本藝術品。

273 奧斯陸國立美術館：挪威的國立藝術、建築、設計美術館（Nasjonalmuseet for kunst, arkitektur og design）。

274 格拉茲美術館：Kunsthaus Graz，建築電訊（Archigram）創始成員之一彼得・庫克（Peter Cook）與他的學生建築師科林・傅尼葉（Colin Fournier），在聯合國世界遺產古都裡設計了一棟未來建築，暱稱為「友善的外星人」。本美術館沒有固定館藏，以當代藝術展出為主。

275 旭日小綬獎：日本國家頒發的一種勳章，現在主要頒發給對公共或國家有顯著功績的人士。

276 高松宮殿下記念世界文化獎：一九八八年，日本美術協會為紀念前一年薨逝的協會總裁高松宮宣仁親王，因此設立此文化獎。所頒發的獎項分為繪畫、雕刻、建築、音樂、劇場／電影五種，每年頒發，以成為「文化藝術界的諾貝爾獎」為目標。

277 藝術之屋：Haus der Kunst，位於德國慕尼黑最大公園「英國公園」(Englischer Garten)內的美術館。它是納粹第三帝國時期第一座重要理念宣傳建築，開幕展是大德國藝術展(Große Deutsche Kunstausstellung)，以之對抗腐敗的現代藝術。現在，藝術之屋主要用來做為巡迴展以及暫時性的展示空間。

278 維多利亞・米羅畫廊：The Victoria Miro Gallery。成立於一九八五年，是英國最頂尖的國際當代藝術藝廊之一，也是倫敦最大的商業藝術空間之一。米羅女士率先把奈及利亞藝術家克利斯・歐非力(Chris Ofili)和查普曼兄弟(the Chapman Brothers)引薦給藝術大眾，培育英國藝術新人，並代理諸多藝術家，譬如透納獎(Turner Prize)得主歐非力和葛瑞森・派瑞(Grayson Perry)、影像裝置藝術家道格．艾特根(Doug Aitken)，以及年輕新秀康拉德・秀克羅斯(Conrad Shawcross)的作品。他們也與藝術家遺產基金會合作，譬如畫家愛麗絲・尼爾(Alice Neel)。

中文版十週年紀念訪談

訪談進行・文字整理　鄭衍偉

問：草間老師您好，最近因為遇上疫情，很可惜沒有機會正式和老師碰上一面。可是聽到老師是因為為了專注創作而婉拒面談之後，又覺得非常佩服。老師今年步入九十一大壽了，還能保持這樣的熱情和衝勁，真的很了不起。對於很多年輕一輩的讀者來說，大家應該都會對老師是怎麼維持自己的熱情和能量感興趣吧。生活總是有其節奏，身體狀態，生活環境，甚至運氣的變化，都會對個人造成影響，有時難免低潮或者失去動力。我想請教老師是怎麼保持熱情，或者在比較不順利的時候轉換能量？除了創作活動之外，老師會透過其他愛好或者活動來支持自己，激發靈感，或者充電激發動力嗎？都做些什麼呢？

答：制作以外にありません。（除了創作別無他想。）

問：老師在文字部分有相當多創作。除了自傳之外，也曾出版過詩集和小說，非常多才多藝。這種掌控文字和藝術二刀流的能力，讓我想到去年採訪的八十四歲的橫尾忠則老師。橫尾老師覺得視覺創作比較依賴身體性，比較直覺，和文字創作不一樣，文字創作更依賴邏輯和思考，需要意義。對於老師來說，老師在進行文字創作與視覺藝術創作的時候，感覺有什麼不同呢？現在還有在進行文字創作嗎？

答：私にとってはどちらも一緒です。心の中から溢れ出てくるものです、小説も詩も彫刻、絵画全て、発端は同じです。自分の人生の発展のために、心おきなく、毎日自分の芸術家としての道をのぼり続けています。（對我而言這些並沒有差異。他們都是從心中漫溢出來的產物。小說、詩、雕刻、繪畫，一切的起源都相同。心無旁騖，日復一日持續攀登藝術之道，就為個人成長。）

問：《無限的網》繁體中文版正式出版將屆十週年，大家對老師的理解比十年前更豐富了。六〇年代的時候，媒體和老師自己都樂於用「前衛女王」這類的形容方式，來描述老師比較基進的創作態度或者作品風格。現在老師對於這樣的稱呼抱持什麼樣的感覺呢？隨著老師年齡增長，老師可能也體驗到自己個人階段產生變化，假使和過去不同，老師現在感受到的變化是什麼？

答：いまはより発展して、人類のすべての未来を語る私は、宇宙の人類の革命家です。（現在我更進一步描繪人類無止盡的未來，可以說是宇宙人種的革命先鋒。）

問：最後，不知是否可以請老師透露一下新作和自己現在的創作過程呢。對於現在的自己來說，還有什麼想要追求的目標嗎？是什麼樣的作品呢？老師現在是比較隨性依照心情狀態創作，還是會嚴格要求自己規畫創作內容和時間呢？

答：生きている人間として、これらの中で私の生涯を終える日が近づいているかもしれない。おおくの贈り物をしたいと思っています。私の全てをかけた、水玉のメッセージであります。この制作を続けることが、最後の目標です。（人生在世，在流逝的事物中，我可能也漸漸抵達終點。我希望能夠創造更多的贈禮。貢獻我生命所有，化作水珠的訊息。持續創作下去，就是我最終的目標。）

草間彌生主要得獎與推薦記錄

一九五一年　作品《徬徨的夢》獲日本第二屆創作獎入選。

一九五五年　與美國女畫家歐姬芙通信，也將自己水彩作品寄給她，並開始準備前往美國。

一九五七年　前往美國，大部分時間在紐約創作，發表巨大的平面作品、軟雕塑、以及結合鏡子和燈具的環境雕塑作品。有「前衛女王」的稱號。

一九六〇年　後半開始舉辦人體彩繪、時尚走秀，參加反戰活動。並嘗試運用媒體的表現方式，譬如製作電影、發行報紙等等。

一九六二年　在紐約的綠藝廊參加七人聯展，同時參展的其他藝術家包括安迪．沃荷與歐登柏格。

一九六六年　受邀參加第三十三屆威尼斯雙年展。

一九六八年　自導自演的短片《草間的自我消融》入圍第四屆比利時國際短片影展和第二屆馬里蘭影展，並榮獲安娜堡影展銀獎。此外，也在歐洲各國進行展覽。

一九七三年　返回日本。一邊持續創作發表藝術作品，並且發表許多小說與詩集。

一九八三年　小說《克里斯多夫男娼窟》榮獲第十屆野性時代新人文學獎。

一九八六～九年　在法國、紐約、英國開個展。

一九九三年　代表日本參加第四十五屆威尼斯雙年展。

一九九四年　開始著手創作戶外雕塑。於日本、法國、好萊塢、韓國設置戶外雕塑，並於里斯本的地鐵走道製作壁畫。

一九九六年　開始以紐約的畫廊為主要活動範圍，同年召開的兩個個展分別獲得國際美術評論家聯盟的獎項。

一九九八年　參加台北雙年展。

一九九八～九年　個人的大型回顧展由洛杉磯州立美術館揭開序幕，之後陸續至紐約現代美術館、沃克藝術中心、東京都當代藝術館巡迴。

二〇〇〇年　榮獲第五十屆藝術選獎文部大臣獎、外務大臣獎。同年個展在巴黎、丹麥、維也納、首爾巡迴。參加雪梨雙年展。

二〇〇一年　榮獲日本朝日賞，參加橫濱三年展。

二〇〇二年　松本市美術館開館紀念個展。獲頒靛綬褒章。

二〇〇三年　獲頒法國文化部之法國藝術及文學騎士勳章，並於德國、波蘭舉辦個展。參加法國里爾藝術聯展以及里昂雙年展。

二〇〇四年　獲頒信濃每日新聞社文化基金會之信每獎。參加惠特尼雙年展（紐約）。東京國立現代美術館個展。

二〇〇五年　京都國立現代美術館、奧斯陸國立美術館個展。參加第三屆瓦倫西亞雙年展（西班牙）。草間大樓落成。

二〇〇六年　榮獲終生成就獎（美國）、旭日小綬獎。參加大地藝術祭（新瀉）、新加坡雙年展。

二〇〇七年　提供作品參加波隆那策展中心。並於慕尼黑、雪梨、紐約、香港、倫敦、靜岡縣立美術館等地舉辦個展。

二〇一二年　首次與Louis Vuitton合作設計計畫。

二〇一六年　榮獲天皇於皇居宮殿頒發「文化勳章」，是六位傑出人士之一。美國《時代雜誌》（*TIME*）選為全世界百大人物。

二〇一七年　於美國華盛頓博物館（Hirshhorn Museum and Sculpture Garden）舉辦展覽「Yayoi Kusama: Ininfinity Mirrors」。草間彌生美術館開館。

二〇一八年　松本市美術館開館十五週年紀念舉辦展覽「ALL ABOUT MY LOVE」。紀錄片《Kusama: Infinity》上映。

草間彌生｜一九二九年生於長野縣，前衛雕刻家、畫家、小說家，在日本被認為是現存國寶級的重要現代藝術家，並入選為全球百大重要藝術家（亞洲只有兩位入選）。

草間彌生十歲開始便患有神經性視聽障礙，常有自殺的企圖。中學畢業後，進入京都市立工藝美術學校，主修日本畫。一九五七年移居美國紐約，開始從事前衛藝術的創作，並與當代重要的普普藝術家包括安迪．沃荷（Andy Warhol）、瓊斯（Jasper Johns）與歐登柏格（Claes Oldenburg）一起聯展。作品不斷於世界各地展出，獲全世界九十餘所美術館典藏。榮獲美國頒發終生成就獎、法國文化部頒發法國藝術及文學騎士勳章、日本國內頒授的各種獎項。

除了藝術創作之外，草間彌生一九七三年回到日本定居之後，出版過十幾本書籍，包括《曼哈頓企圖自殺慣犯》、獲得日本野性時代文學獎的《克里斯多夫男娼窟》與自傳等，也算是日本當代作家。她目前居住在東京的心理治療所中，並以逾九十歲的高齡繼續從事藝術創作。她常常對外表示，「若不是為了藝術，我應該很早就自殺了」。

鄭衍偉｜譯者｜自由文字工作者，文化領域的瑞士刀。曾於十五國進行採訪調查，寫過破三十萬點閱的採訪報導〈世界上根本沒有文創〉，劇作《木蘭》結合京劇演出與當代打擊樂於歐亞七座城市巡迴，於台灣國立歷史博物館策畫遊戲化導覽體驗。策畫國際視覺文學漫畫書系「PaperFilm」，譯有安藤忠雄、橫尾忠則、草間彌生、村上龍等日本創作者作品，並得過幾個文學獎。現在座標東京，於某企業亞太團隊從事體驗創新與服務設計，服務世界五百強企業與公家機關，臥底進行人類學觀察。長年關心視覺敘事、公共空間、參與式設計、文化政策與草根公民活動，認為二十一世紀的人文工作與學科正在轉型，希望透過設計的力量推動一些小小的改變。

http://uxbackpacker.blogspot.com/

王志弘｜選書・設計｜AGI會員。六度獲得台北國際書展金蝶獎金獎、HKDA葛西薰評審獎、韓國坡州出版美術賞、東京TDC提名賞。著有《Design by wangzhihong.com》。

Instagram @wangzhihong.ig

Insight 05

無限的網：草間彌生自傳

作者：草間彌生
譯者：鄭衍偉
選書．設計：王志弘

副社長：陳瀅如
總編輯：戴偉傑
主編：李佩璇
行銷企畫：陳雅雯．張詠晶

出版：木馬文化事業股份有限公司
發行：遠足文化事業股份有限公司（讀書共和國出版集團）
地址：二三一新北市新店區民權路一〇八—四號八樓
電話：〇二—二二一八—一四一七
傳真：〇二—二二一八—〇七二七
電子信箱：service@bookrep.com.tw

郵撥帳號：一九五八八二七二木馬文化事業股份有限公司
客服專線：〇八〇〇—二二一—〇二九
法律顧問：華洋法律事務所　蘇文生律師
印刷：通南彩色印刷有限公司

初版：二〇一一年四月
二版：二〇一七年一月
三版：二〇二一年二月
三版五刷：二〇二四年二月
定價：新台幣三八〇元

本書註釋皆為譯者所加註。

國家圖書館出版品預行編目｜Cataloging in Publication｜資料

無限的網：草間彌生自傳／草間彌生作；鄭衍偉譯
．——三版．——新北市：
木馬文化事業股份有限公司出版：遠足文化事業股份有限公司發行，2021.2
328面；14x20公分．——（Insight；5）
ISBN 978-986-359-847-3（平裝）

1. 草間彌生　2. 傳記

783.18　　109018558

MUGEN NO AMI – KUSAMA YAYOI JIDEN by Yayoi Kusama

First published in Japan by Sakuhinsha Publishing Co., Ltd.

This Complex Chinese language edition is published by arrangement with Yayoi Kusama in care of Tuttle-Mori Agency, Inc., Tokyo through Burdon-Chinese Media Agency, Taipei.